Elogios ao livro

"Os *Yoga Sutras* tiveram o mesmo número de traduções e comentários que os sutras da obra-prima de Patanjali. Como seria de esperar, a visão em cada caso é diferente porque os matizes interpretativos levam o estudioso a direções radicalmente opostas. Muitas versões foram escritas por gurus que trouxeram a antiga tradição para o Ocidente, mas faltava uma voz importante, a de Yogananda. O próprio Yogananda não fez a tradução, mas agora temos uma que se aproxima ao máximo da que ele faria: a interpretação, por um discípulo direto, da perspectiva do mestre. Como o papel de Yogananda na popularização do Yoga no Ocidente é insuperável, *Desmistificando os Yoga Sutras de Patanjali* é uma contribuição bem-vinda e esclarecedora à transmissão desse conhecimento." — **Philip Goldberg,** autor de *American Veda: From Emerson and the Beatles to Yoga and Meditation, How Indian Spirituality Changed the West*

❊ ❊ ❊ ❊ ❊

"Swami Kriyananda elaborou uma tradução absolutamente legível, com comentários, dos *Yoga Sutras* de Patanjali. Esse texto fundamental fornece as bases exigidas para uma prática equilibrada do Yoga. Descreve e explica, sem esforço, os diversos estados de meditação. Patanjali lança os fundamentos da ética do Yoga, inclusive a abstenção de atos impuros, irrefletidos e debilitantes. Ascendendo ao estado de espiritualidade, a pessoa consegue superar as incontáveis aflições da vida. Swami Kriyananda acrescenta mais uma joia ao tesouro das interpretações dos *Yoga Sutras*." — **Christopher Key Chapple**, professor Doshi de Teologia Indiana Comparada e diretor de Estudos de Yoga na Universidade Loyola Marymount

"Como escritor e professor de meditação, sempre procurei uma explicação clara dos *Yoga Sutras* de Patanjali. *Desmistificando os Yoga Sutras de Patanjali* finalmente atendeu a essa expectativa. O mundo do yoga estava precisando de mais profundidade e de um retorno às suas raízes. Este vigoroso livro oferece um mapa claro e bem fundamentado que vai ao âmago da busca espiritual." — **Nayaswami Jyotish Novak**, autor de *How to Meditate*

"Leia a versão dos *Yoga Sutras* de Swami Kriyananda e você compreenderá por que, depois de 2 mil anos, essa obra ainda é o melhor manual prático para a aquisição de saúde mental positiva e realização espiritual." — **Amit Goswami**, Ph.D. em Física Quântica e autor de O *Médico Quântico* e de A *Janela Visionária*, Editora Cultrix

"Depois de ler várias traduções dos *Yoga Sutras* durante anos, achei os escritos e comentários de Swami Kriyananda extremamente lúcidos e práticos em sua aplicação à vida diária. É uma bênção que as lições de Patanjali estejam acessíveis a todos que buscam o divino em seu íntimo." — **Dennis M. Harness**, Ph.D., psicólogo e astrólogo védico

"As palavras de um grande mestre, escritas por sua mão ou registradas por outro, são um veículo essencial para a transposição de sua consciência. Estudando seus pensamentos, absorvemos não apenas o que ele quer dizer, mas

também suas vibrações. As vibrações de Patanjali, até agora, foram amplamente desvirtuadas por más traduções e, com mais frequência ainda, por 'interpretações' obscuras.

"A força desta obra está não apenas na fidelidade e simplicidade conceitual, mas também na clareza das vibrações. É um outro Patanjali: afável, prático e incisivo; mas igualmente generoso e simpático para com aqueles que buscam a visão do infinito que ele próprio alcançou." — **Asha Praver**, mestre espiritual, autor de *Swami Kriyananda: As We Have Known Him*

❈ ❈ ❈ ❈ ❈

"Acredito que Brahmarshi Yoganandaji foi a encarnação direta de Patanjali e que Swami Kriyananda é um instrumento puro de seu guru. *Desmistificando os Yoga Sutras de Patanjali* abrirá o caminho para a correta compreensão dos princípios universais necessários a uma vida feliz, saudável e próspera, tal qual preceituada nos *Yoga Sutras*. Minhas sinceras e respeitosas congratulações a Swami Kriyananda." — **Ram Karan Sharma**, ex-presidente da International Association of Sanskrit Studies, atual professor convidado (sânscrito) da Universidade da Pensilvânia

❈ ❈ ❈ ❈ ❈

"Nunca antes os ensinamentos atemporais de Patanjali foram apresentados de maneira tão clara. Como os raios de um sol glorioso, *Desmistificando os Yoga Sutras de Patanjali* dá vida e profundidade aos aforismos de Patanjali. Swami Kriyananda prestou ao mundo um serviço inestimável ao escrever esta grande obra. Gostei muito de lê-la." — **Joseph Bharat Cornell**, autor de *AUM: The Melody of Love* e *Sharing Nature with Children*

❈ ❈ ❈ ❈ ❈

"Neste livro, Kriyananda aproxima o leitor da essência eterna e libertadora do yoga. Os *Yoga Sutras* de Patanjali podem muito apropriadamente ser cha-

mados de ciência da religião. Patanjali oferece ferramentas espirituais universais — não ensinamentos sectários — que funcionam para qualquer pessoa, de qualquer seita, pois se baseiam na experiência íntima, e não na crença superficial. São ensinamentos de uma era superior, preservados e transmitidos até os dias de hoje, quando de novo estamos prontos para entendê-los e aplicá-los."
— **Joseph Selbie**, autor de *The Yugas: Keys to Understanding Our Hidden Past, Emerging Energy Age, and Enlightened Future*

"Como professor de filosofia do yoga, esforcei-me durante anos para entender e transmitir aos meus alunos o significado dos aforismos de Patanjali — a fonte material do yoga. *Desmistificando os Yoga Sutras de Patanjali* fornece a chave que procurei por tanto tempo: ela abre as portas para a verdadeira compreensão do motivo pelo qual a ciência do yoga é o caminho para a iluminação." — **Nayaswami Devi**, conferencista e escritor

"Gostei muito de ler *Desmistificando os Yoga Sutras de Patanjali*, que é uma visão dos *Yoga Sutras* da perspectiva de Paramhansa Yogananda. Seus relatos de casos pessoais e outras histórias enriquecem a narrativa." — **Subhash Kak**, catedrático e chefe do Departamento de Ciência da Computação da Universidade Estadual de Oklahoma, autor de *The Gods Within: Mind, Consciousness and the Vedic Tradition*

"Swami Kriyananda, evocando as palavras de seu grande mestre espiritual, Paramhansa Yogananda, desvenda os segredos dos *Yoga Sutras* de Patanjali — obra que forçou gerações de tradutores e comentadores a lutar com os dicionários. Agora, pela primeira vez, os praticantes de yoga podem ler e compreender as lições originais, edificantes, fundamentais e ocultas de que sua prática é um

prolongamento. Explicados por Yogananda, os obscuros aforismos de Patanjali ganham vida — e, o que é mais importante, *finalmente adquirem sentido.*"
— **Richard Dayanand Salva,** autor de *Walking with William of Normandy: A Paramhansa Yogananda Pilgrimage Guide*

DESMISTIFICANDO OS YOGA SUTRAS DE PATANJALI

DESMISTIFICANDO OS YOGA SUTRAS DE PATANJALI

A Sabedoria de Paramhansa Yogananda sobre um dos maiores clássicos da filosofia yogue

Apresentada por seu discípulo
Swami Kriyananda

Tradução:
GILSON CÉSAR CARDOSO DE SOUSA

Editora
Pensamento
SÃO PAULO

Título original: *Demystifying Patanjali – The Yoga Sutras (Aphorisms)*.
Copyright © 2013 Hansa Trust.
Publicado originalmente por Crystal Clarity Publishers, 14618 Tyler Foote Road, Nevada City, CA 95959. www.crystalclarity.com
Copyright da edição brasileira © 2014 Editora Pensamento-Cultrix Ltda.
1ª edição 2014.
2ª reimpressão 2020.

Todos os direitos reservados. Nenhuma parte deste livro pode ser reproduzida ou usada de qual-quer forma ou por qualquer meio, eletrônico ou mecânico, inclusive fotocópias, gravações ou sistema de armazenamento em banco de dados, sem permissão por escrito, exceto nos casos de trechos curtos citados em resenhas críticas ou artigos de revista.

A Editora Pensamento não se responsabiliza por eventuais mudanças ocorridas nos endereços convencionais ou eletrônicos citados neste livro.

Editor: Adilson Silva Ramachandra
Editora de texto: Denise de C. Rocha Delela
Coordenação editorial: Roseli de S. Ferraz
Preparação de originais: Marta Almeida de Sá
Produção editorial: Indiara Faria Kayo
Editoração eletrônica: Fama Editora
Revisão: Liliane S. M. Cajado e Yociko Oikawa

Dados Internacionais de Catalogação na Publicação (CIP)
(Câmara Brasileira do Livro, SP, Brasil)

Kriyananda, Swami
  Desmistificando os yoga sutras de Patanjali / Swami Kriyananda ; tradução Gilson César Cardoso de Sousa. — 1. ed. — São Paulo : Pensamento, 2014.

  Título original: Demystifying Patanjali : the yoga sutras (aphorisms)
  ISBN 978-85-315-1893-5

  1. Iogues – Índia – Biografia 2. Yogananda, Paramahansa, 1893-1952 3. Yoga 4. Yoga – Técnicas I. Título.

14-11554   CDD-294.5

Índices para catálogo sistemático:
1. Yoga : Índia 294.5

Direitos de tradução para o Brasil adquiridos com exclusividade pela EDITORA PENSAMENTO-CULTRIX LTDA., que se reserva a propriedade literária desta tradução.
Rua Dr. Mário Vicente, 368 – 04270-000 – São Paulo – SP
Fone: (11) 2066-9000
http://www.editorapensamento.com.br
E-mail: atendimento@editorapensamento.com.br
Foi feito o depósito legal.

Sumário

Apresentação 13
Prefácio 17
Introdução 19

Samadhi Pada
O Primeiro Livro 21

Sadhana Pada
O Segundo Livro 91

Vibhuti Pada
O Terceiro Livro 135

Kaivalya Pada
O Quarto Livro 163

Glossário 179

Apresentação

por Nayaswami Gyandev McCord,
autor de SPIRITUAL YOGA

A comunidade do yoga passou por mudanças profundas nos últimos trinta anos. O Hatha Yoga, de curiosidade exótica, se transformou em regime de bem-estar da moda; é hoje praticado regularmente por cerca de 20 milhões de americanos e vem despertando interesse em muitos outros países. Variantes incontáveis surgiram. O yoga tem sido aceito pelos médicos como uma prática de cuidado pessoal terapeuticamente válida — não apenas as posturas, mas também a meditação. O que mais me surpreende, porém, é um desenvolvimento relativamente recente: o interesse cada vez maior pelas dimensões superiores, espirituais do yoga. Por mais benéfico e agradável que o Hatha Yoga seja, cada vez mais pessoas estão curiosas para descobrir o que existe além dos aspectos físicos dessa prática.

Para essas pessoas, os *Yoga Sutras* (aforismos) de Patanjali se tornaram um ponto de partida bastante popular — o que é bem apropriado, pois são uma das principais escrituras do yoga, concisas, instigantes e mesmo inspiradoras. Infelizmente, porém, Patanjali é *tão* conciso que muitos de seus aforismos podem ser interpretados de inúmeras maneiras — com tradutores e comentadores aproveitando essa brecha para criar a seu gosto interpretações errôneas, obscuridade e confusão.

Por exemplo, alguns autores afirmam que a breve menção de Patanjali a *asana* (postura) significa que ele recomendava a prática de posturas de yoga. Não há nenhuma prova disso: Patanjali apenas insistia na necessidade de uma posição correta para a meditação, que sempre foi a prática principal do yoga. Outros exemplos podem ser colhidos aqui e ali nas miríades de traduções confusas de alguns aforismos-chave, como o segundo, talvez o mais importante de todos: "O yoga é a supressão das transformações do princípio do pensamento". Que vem a ser isso, afinal?

Tais coisas me deixaram muito frustrado em minha própria pesquisa do significado dos *Yoga Sutras*. Os comentários que achei eram ou incoerentes ou vagos e quase sempre desconexos. Eu queria uma explicação objetiva do que Patanjali realmente disse e um modo de aplicá-la à minha busca espiritual. Ora, como todos sabem que *yoga* significa "união (da alma com o Espírito)", julguei necessário conhecer o que Patanjali entendia por Espírito; mas infelizmente os comentadores muitas vezes fazem de tudo para não mencionar nem a palavra Deus.

Contudo, não perdi a esperança, pois, em sua *Autobiografia de um Iogue*, Paramhansa Yogananda afirmou que Patanjali era um *avatar*, isto é, alguém que realizou a união divina e reencarnou para ajudar seus semelhantes. "Isso só pode significar", pensei, "que há mais coisas nesse aforismo do que consegui ver. Como descobri-las?"

Neste livro, Swami Kriyananda mostra que de fato há mais — *muito* mais. O treinamento com seu guru, Paramhansa Yogananda, propiciou-lhe a compreensão profunda e a visão intuitiva penetrante necessárias para desvendar os segredos dos *Yoga Sutras*. Com uma extraordinária clareza de apresentação, ele nos oferece uma perspectiva nova e acessível — sem, entretanto, renunciar à profundidade — dessa escritura imemorial. Kriyananda revela a visão límpida de Patanjali do caminho único, eminentemente prático, que subjaz a *todas* as tradições espirituais e que consiste em partir da identificação com o ego para a identificação com a alma, mostrando o modo de percorrer esse caminho graças ao emprego das ferramentas não sectárias do yoga. Eis aí o fio que une os 196 aforismos.

Kriyananda escreveu cerca de 140 livros. Neste, ele demonstra mais uma vez que é um expoente inexcedível da ciência do yoga. Embora Paramhansa Yogananda nunca tenha escrito sobre os *Yoga Sutras*, sinto que ele agora o faz por intermédio de seu discípulo direto, Swami Kriyananda. Um véu foi levantado e o ensinamento de Patanjali se apresenta tal qual realmente é: uma escritura profunda e inspiradora, mas também prática, acessível e aplicável a qualquer buscador espiritual.

Este livro é uma bênção. Aponta o caminho eterno para a felicidade e a liberdade duradouras. Não se trata de mais uma investigação intelectual, mas de um guia para a verdadeira prática do yoga.

Prefácio
O Anátema da Crença Cega

Os *Yoga Sutras* de Patanjali nos convidam veementemente a transcender todas as diferenças religiosas. Sua mensagem básica é: "Estes são métodos testados e aprovados. Você pode conhecer Deus por sua própria experiência".

Paramhansa Yogananda previu que o futuro da religião em toda parte será a "autorrealização": a experiência concreta do Eu universal. Patanjali explica como atingir esse estado de unidade divina.

Outrora, e em larga medida ainda hoje, a religião era identificada com sistemas de crença. Presumia-se que Deus não pode ser conhecido e que devemos acatar as opiniões de uma autoridade qualquer a respeito Dele. As pessoas até guerreavam por causa dessas opiniões. Os muçulmanos, empenhados em forçar a conversão dos outros, chegaram a ponto de degolá-los em massa — achando que, com isso, agradavam a Alá! (A loucura humana dificilmente superará sua promessa de um paraíso de prazeres sensitivos feita a qualquer fanático que sacrificar a vida para converter alguém.)

Toda religião promete realizar o que há de mais elevado em nós e, depois, nos oprime com sectarismo, intolerância e ameaças de castigo divino para quem não se "sujeitar ao regulamento"! Patanjali acena com realizações muito superiores a qualquer paraíso sensual. Também insufla em nossa mente a piedade, o amor amplo e genuíno, e a compreensão.

Patanjali traz aos homens algo mais que uma brisa fresca de verdade: traz o vento de uma nova realidade, impregnado do aroma sutil da esperança — esperança de um futuro não apenas melhor, mas *perfeito*!

Introdução

Inicio este trabalho depois de uma luta sem trégua com inúmeros comentários e traduções lamentavelmente ruins de Patanjali. Eu não sei sânscrito, apenas algumas palavras e expressões. Mas não tenho dificuldade em reconhecer quando uma tradução para o inglês é falha. De todas as traduções de Patanjali que examinei, *nenhuma* valia a pena estudar de maneira séria e aprofundada.

Meu guru, Paramhansa Yogananda, me transmitiu pessoalmente algumas de suas mais importantes conclusões sobre esses sutras. Durante os três anos e meio em que convivi com ele, antes que deixasse seu corpo, aprendi também muita coisa sobre os ensinamentos básicos do yoga.

Não tenho agora a vantagem enorme que tive ao registrar de memória os comentários de meu guru sobre o Bhagavad Gita, pois trabalhei lado a lado com ele na edição dessa obra.

Neste livro, porém, parti de meu conhecimento profundo de seus ensinamentos e de reflexões pessoais nas ocasiões em que estivemos sozinhos em seu retiro do deserto e ele me falou do significado sutil de Patanjali. Portanto, conheço as lições de yoga de Patanjali por tê-las ouvido em primeira mão de meu guru. Mergulhei nessas lições pelos últimos 64 anos. Todos os comentários sobre Patanjali que li ou tentei ler me pareceram extremamente pedantes. Que significam, por exemplo, expressões como "modificações mentais" ou "tornar-se assimilado com transformações"? Muitos sutras ou a maioria deles são tão confusos na tradução que nem sequer fazem sentido.

Gosto de clareza e fiz o possível para obtê-la. Além disso, pude perguntar ao meu guru, pessoalmente, sobre vários assuntos tratados por Patanjali. Suas explicações calaram fundo em mim e foram de valor inestimável para este trabalho.

Usei cinco traduções bem conhecidas, a maioria baseada em outros comentários famosos.

Decidi escrever o presente livro porque sinto, no mundo de hoje, uma grande necessidade de obras desse tipo. Escrevi e publiquei outros 143, inspirados nos ensinamentos de Yogananda. Não posso garantir ao leitor que as páginas seguintes serão extremamente acuradas, mas posso prometer, ao menos, que serão de fácil entendimento. Espero que as palavras aqui contidas contrabalancem os muitos livros cuja característica principal é a absoluta falta de clareza.

Samadhi Pada
O PRIMEIRO LIVRO

1.1 | O tema agora oferecido é o yoga.

Atha = agora; *yoga* = do yoga; *anusasanam* = explicação

Há duas chaves importantes para entendermos este primeiro aforismo. Uma delas é que Patanjali não apresenta um simples debate sobre o assunto, mas sim sua própria sabedoria realizada.

A segunda chave é a palavra "agora", aparentemente insignificante. Ela implica que já houve outra dissertação sobre um tema fundamental para o estudo do yoga. Esse tema é a primeira das três filosofias básicas da Índia antiga. Entretanto o termo "filosofia" não é adequado aqui, pois sugere simplesmente o amor à sabedoria: *philos* (amor) e *sophia* (sabedoria). Ora, o que se ensina em cada uma das chamadas "filosofias" da Índia é a própria sabedoria. Se as chamamos de "filosofias" é apenas porque nossa língua não oferece nenhum substituto conveniente para a palavra. Mesmo "sistema", termo muitas vezes aplicado a estes aforismos (ou *sutras*) de yoga, é inadequado. Com efeito, Patanjali não oferece nenhum sistema específico para conseguir seja lá o que for. Ao contrário, diz: "Estas são as etapas que todo buscador autêntico deve superar, independentemente de sua religião, caso queira mesmo alcançar a união com o Infinito".

Dos antigos "sistemas filosóficos" da Índia, estes três eram básicos: *Shankhya*, *Yoga* e *Vedanta*. A finalidade de *Shankhya*, o primeiro, cifrava-se em persuadir as pessoas da inutilidade de buscar realização por meio dos sentidos físicos, uma vez que nosso corpo não é o verdadeiro Eu.

Não examinarei a fundo esse sistema aqui porque o tema do presente livro é o yoga. Ainda assim, é importante para quem estuda o yoga ter uma compreensão correta do assunto todo. As três filosofias são, na verdade, aspectos de uma verdade única. *Shankhya* explica o "porquê" da busca espiritual; *Yoga*, o "como"; e *Vedanta*, o "quê". Em outras palavras, *por que* é importante renunciar ao apego ao mundo? *Como* podemos direcionar toda a nossa energia para as alturas? E o *que* devemos esperar depois que nossa energia e nossa consciência estiverem apontadas diretamente para cima?

Por que nós — ou qualquer pessoa — devemos encetar a busca espiritual? Esse é, na essência, o tema de *Shankhya*. E a resposta será, em parte, a seguinte: nós, os seres terrenos, somos divididos em dois. Somos atraídos para cima, para a felicidade da alma, mas ao mesmo tempo para baixo, para nossos antigos hábitos mundanos.

Há também um impulso duplo, universal, que nos guia: todos queremos fugir à dor e todos queremos encontrar a felicidade. Essas necessidades fundamentais se manifestam em diferentes níveis de refinamento — em oitavas, poderíamos dizer. Na oitava mais alta, o desejo de fugir à dor é visto como a ânsia do verdadeiro devoto de livrar-se da ilusão da separação de Deus e unir sua alma a Ele.

Numa oitava mais baixa, esses desejos gêmeos são experimentados como a ânsia de realização mundana e o esforço para evitar o desengano que acompanha essa realização. O que entendo por realização mundana? Três impulsos principais: a ambição de juntar dinheiro, a vontade de escapar das dores do mundo por meio de drogas e álcool, e a busca de satisfação sexual. Essas são as três principais ilusões que pesam como um jugo sobre a humanidade. A verdadeira realização não pode nunca ser encontrada nelas. Subsidiária a essas ilusões básicas, mas igualmente desapontadora, está a ânsia de poder, de fama, de popularidade, de excitação/realização emocional e de todos os tipos de satisfação do ego.

Podem-se explicar filosoficamente esses desapontamentos. Sob a agitação da superfície do oceano estão suas profundezas calmas. Da mesma forma, sob nossos pensamentos irrequietos está a imensidão serena da consciência de Deus. As ondas, por mais altas que sejam, não conseguem afetar o nível geral do oceano, pois cada uma é compensada por uma depressão igual. Assim também nossas emoções não abalam nossa consciência profunda, já que a todo pico emocional corresponde uma baixa emocional da mesma intensidade.

A criação é governada pela lei da dualidade. Para cada alto existe um baixo; para cada mais existe um menos. Todo prazer é contrabalançado por uma dor igual; toda alegria, por uma igual tristeza. Quanto mais intenso for o prazer, mais intensa será a dor. Quanto mais intensa for a felicidade, mais intenso será o infortúnio.

Você pode testar essas verdades em sua própria vida. Não é um fato que todas as dores e todos os prazeres, as tristezas e alegrias que sente acabam, cedo ou tarde, compensados por seus opostos? O prazer de uma "noitada" é anulado pelo desconforto de uma ressaca. "Excessos" menos óbvios – uma tarde de diversão calma e sadia, a realização de um encontro há muito esperado, a emoção de um beijo há muito desejado, a satisfação de uma promoção no emprego ou a longamente adiada recepção de um prêmio que acaricia o ego –, tudo isso é inevitavelmente compensado por seus opostos. Uma coisa segue a outra como a noite segue o dia.

Uma breve reflexão já basta para convencê-lo dessa verdade. Infelizmente, a mente é inquieta e só pousa de leve, como uma mosca, sobre um dado objeto de contemplação. Se você quiser obter os benefícios da contemplação (yoga) e da realização espiritual (vedanta), a primeira exigência é a tranquilidade da mente. E essa tranquilidade é fruto da prática do yoga. Sem o yoga, não haverá uma compreensão verdadeira do shankhya. Além disso, sem pelo menos alguns vislumbres das realidades vedânticas, não haverá uma compreensão autêntica nem do shankhya nem do yoga. Isso pode parecer um enigma insolúvel. Para alcançar a perfeição em qualquer das três filosofias, a perfeição é necessária em todas! As três estão interconectadas.

Sem uma certa percepção, ainda que superficial, da necessidade do yoga, ninguém terá incentivo para sua prática. E a percepção dessa necessidade é fornecida pelo shankhya. De fato, quase todas as pessoas caminham pela vida às cegas, sem saber por que sofrem tanto e sem entender por que a realização nunca é permanente, já que a felicidade parece sempre se desvanecer justamente no instante em que a contemplam. A felicidade, com efeito, se apaga diante de seus olhos como a chama de uma vela, depois de iluminá-los por um breve instante. A poetisa Edna St. Vincent Millay escreveu:

Minha vela arde em ambas as extremidades;
Não durará a noite inteira.
Mas, ah, meus inimigos, ah, meus amigos,
Que luz encantadora ela espalha!

Luz? Sim. Encantadora? Talvez por uns momentos. Mas e depois? Por trás dela, esconde-se sempre a ameaça da treva iminente. E ao lado de cada prazer, batendo as asas para alçar voo, ronda a mosca da tristeza.

Sim, tudo parece muito simples, muito óbvio! No entanto, as pessoas perambulam por incontáveis encarnações antes de se disporem a encarar a verdade perfeitamente óbvia e perfeitamente simples de sua existência!

Por quantas gerações perambulam? Não, não quero assustá-lo respondendo a essa pergunta! De fato, é a própria pessoa, e ninguém mais, que escolhe por quanto tempo ficará apegada às suas ilusões.

Entretanto, se você quiser mesmo entender os aforismos do yoga de Patanjali, terá de examinar ao menos por alto as verdades subjacentes à filosofia Shankhya. Pois até mesmo o tão citado aforismo do Shankhya, "*Ishwar ashiddha*" ("Não há provas da existência de Deus"), é um convite a ir além do intelecto e captar a verdade pela intuição no nível supraconsciente.

1.2 | O yoga é a neutralização dos vórtices do sentimento.

Yogas = yoga (é); *chitta* = sentimento; *vritti* = vórtice; *nirodha* = acalmar, neutralizar (*Yogas chitta vritti nirodha*)

Por muito tempo me perguntei se deveria chamar essa neutralização de realização ou de conquista. Pois, embora a serenidade perfeita da iluminação seja, sem dúvida, uma realização, ela exige que *ultrapassemos* todo esforço. Com efeito, esse estado de consciência só sobrevém depois que removemos todos os obstáculos à sua posse. Decidi, pois, chamá-lo de conquista.

Já dei o exemplo das ondas do oceano. Sua ascensão e queda constantes ilustram muito bem as flutuações da dualidade. Esse movimento para cima e para baixo, no entanto, não representa com muita clareza o apego do ego à dualidade. *Vritti* significa turbilhão, vórtice ou redemoinho e não (como às vezes é traduzido neste aforismo) onda. Nossos desejos e apegos não fazem os pensamentos flutuarem como ondas, rodopiando em torno deles: "Eu quero, eu gosto, eu preciso, eu dispenso". Antes, nós os agarramos tal como as correntes de um rio que puxam objetos para seu centro em pequenos redemoinhos. Do mesmo modo, revolvemos nossos desejos em torno de nosso ego, como num vórtice.

Não importa onde, no corpo, o ego esteja centrado, o apego a um objeto ou o desejo por ele se concentram no próprio pensamento voltado para esse objeto. Esses *vrittis* — redemoinhos, vórtices — se localizam ao longo da coluna segundo o nível de consciência que associamos a eles. Desejos fortes situam-se em um dos chakras inferiores (ou em suas imediações) da coluna. Impulsos espiritualmente edificantes têm seu centro em chakras superiores.

A guerra de Kurukshetra, narrada alegoricamente no Bhagavad Gita, consiste numa luta entre tendências da natureza humana que nos impelem para cima ou para baixo. Quando somos arrastados em ambas as direções, ficamos interiormente divididos e jamais encontramos a paz. Se quisermos encontrar

Deus, precisamos dirigir nossas tendências para uma direção só. Sigmund Freud aconselhava seus pacientes a ceder às tendências inferiores, sobretudo o instinto sexual. Afirmava que, de outro modo, jamais encontraremos a paz. Não percebia que nossa *verdadeira* natureza é uma manifestação de Deus. Jamais encontraremos a paz em nosso íntimo se negarmos essa natureza superior.

A única maneira que descobriremos de conseguir a paz interior será encorajar nossos "guerreiros" superiores nessa luta que nunca tem fim. Ela exige inúmeras encarnações, pois a verdadeira liberdade não é conseguida sem esforço. Muitas vezes, desistindo da tentativa, as pessoas jogam a toalha e gritam: "Vou relaxar! Encontrarei a paz cedendo aos meus desejos!". E podem mesmo encontrá-la. Mas temporariamente. É uma paz precária. No fim, sua própria natureza os induz a desembainhar de novo a espada e voltar à refrega. Encontraremos a paz duradoura apenas quando acalmarmos nossos *vrittis* interiores. Só quando a calma perfeita descer sobre nós é que ficaremos em paz. Esse é o estado conhecido como *samadhi*.

Vale lembrar aqui que há duas fases de samadhi: *sabikalpa* e *nirbikalpa*. A primeira é aquela em que o ego (o mais sutil dos inimigos!) diz: "Fui eu quem alcançou este estado!". Persistem, nesse pensamento, alguns perigosos laivos de arrogância. Emergindo desse samadhi inferior, a pessoa pode exclamar: "Eu superei todos os obstáculos; eu atingi a perfeição!". Enquanto essa ideia do "eu" (Eu, João ou Eu, Maria) continuar existindo, a pessoa não estará livre. Somente quando a alma puder dizer "Não há nenhum João ou Maria a que eu possa regressar, tudo é Deus!", ela poderá dizer também "Estou verdadeiramente livre!" É que, então, o "eu" terá se identificado com o Espírito Absoluto. Essa é a fase final da iluminação, conhecida como *nirbikalpa samadhi*.

Nesse estado, a pessoa até se esquece de suas encarnações passadas (Maria, a dona de casa, João, o banqueiro, o filantropo, para não falar de João, o pirata, de Maria, a ladra de lojas, e das incontáveis vidas que todos levamos em corpos tanto masculinos quanto femininos) e as vê como Deus interpretando esses papéis por intermédio de nossos veículos físicos. Só depois de entregar todas as nossas lembranças a Deus é que conseguimos ir além do estado de *jivan mukta* (liberdade em vida) e passar para o de libertação completa, *moksha*. Nem é preciso dizer, pouquíssimas pessoas que levam vida terrena alcançam esse estado.

Um *avatar* é alguém que conquistou *moksha*, mas volta à Terra como uma encarnação pura de Deus. Entre essas grandes almas, dotadas do poder divino de libertar quem se aproxime delas com fé e devoção, estão os memoráveis salvadores da humanidade: Jesus Cristo, Buda, Krishna, Ramakrishna, Paramhansa Yogananda, e muitos outros.

O que quererá dizer Paranjali, no aforismo, com a palavra *chitta*? Ela foi traduzida de várias maneiras em edições dos *Yoga Sutras*, entre as quais "conteúdo mental" e "aspectos inferiores da mente" (o subconsciente?). O que os tradutores quiseram dizer com "conteúdo mental" é um mistério. Para mim, não significa nada! E quanto a "aspectos inferiores da mente"? Acho que se referiram ao subconsciente, mas essa definição parece inadequada porque a mente, por si só, já é um conceito vago, e Patanjali procura ser sempre preciso.

Como salientou Yogananda, as escrituras enumeram quatro aspectos da consciência humana: *mon*, *buddhi*, *ahankara* e *chitta*, ou seja, mente, intelecto, ego e sentimento.

Há muitos anos, quando era jovem, Yogananda pediu ao marajá de Kasimbazar que doasse uma propriedade para a fundação de uma escola de meninos, onde pretendia ministrar uma educação abrangente, centrada na verdade espiritual. O marajá, querendo saber se aquele rapaz tinha as credenciais necessárias, convocou um grupo de panditas (homens versados nas escrituras) para avaliar seus conhecimentos espirituais. Yogananda nos descreveu a cena muito tempo depois:

"Parecia que estavam se preparando para uma tourada espiritual! Ora, meu conhecimento não vem do intelecto. Baseia-se numa realização interior – na verdadeira sabedoria. Por isso, disse-lhes logo no início: 'Não falemos de conhecimentos intelectuais, mas apenas das verdades que nós mesmos descobrimos'. E continuei: 'Todos sabemos que as escrituras mencionam quatro aspectos da consciência humana: *mon* (mente), *buddhi* (intelecto), *ahankara* (ego) e *chitta* (sentimento). Lemos também que cada um desses aspectos tem seu respectivo centro no corpo, mas nenhuma escritura nos diz onde. Podem me informar, a partir de sua própria percepção interior, onde se situam esses centros?'.

"Bem, eles não souberam o que responder. Não tendo nenhuma escritura para consultar, só podiam ficar embasbacados.

"Eu lhes disse então: '*Mon* (mente) localiza-se no alto da cabeça. *Buddhi* (intelecto), entre as sobrancelhas. *Ahankara* (ego), na *medulla oblongata*. E *chitta* (sentimento), no coração'.

"E justifiquei assim minha explicação: 'Imaginemos um cavalo refletido no espelho. A mente é esse espelho, por natureza, cego. Por isso Dhritarashtra, no *Mahabharata*, também é descrito como cego. Ele representa a mente cega. Então o intelecto intervém e diz 'Isto é um cavalo'. O intelecto, por si mesmo, não nos prende à ilusão. O intelecto, no *Mahabharata*, é simbolizado por Sanjaya, que narra a Dhritarashtra os acontecimentos no campo de batalha. Vem em seguida o ego e declara: 'Isto é *meu* cavalo!'. O ego, no *Mahabharata*, é simbolizado por Bhishma. Agora um pouco de ilusão se insinuou no quadro, mas mesmo assim o pensamento 'eu' e 'meu' podem ainda ser impessoais.'"

Chitta é a nossa faculdade de sentir. Em seu aspecto externo, assume a forma de *Karna* (apego). Em seu aspecto superior, contudo, tal como é dito de *Karna* na própria história, é irmão dos Pandavas ou tendências que, no homem, o impelem para o alto. Autocontrole, devoção e calma são as principais qualidades que nos encaminham para a união com Deus. Tanto o apego quanto a devoção têm seu centro no coração. Mas voltemos aos lugares em que, no corpo, cada um dos aspectos da consciência se localiza.

A mente tem seu centro no alto da cabeça. Não há nenhuma prova física dessa afirmação: temos de considerá-la como um artigo de fé. O intelecto, porém, se localiza comprovadamente entre as sobrancelhas. Quando raciocinamos ou nos concentramos, automaticamente franzimos o cenho.

E quando reencaminhamos nossos pensamentos, sentimentos e ações para o ego, concluindo "*Eu fiz* isso! Eu *sou o* ferido, o lisonjeado ou o decepcionado", automaticamente inclinamos a cabeça para trás. É comum dizer que pessoas orgulhosas olham os outros de nariz empinado. Cantores de rock sacodem violentamente a cabeça como se gritassem "Vejam, estou aqui!".

Quando alguém está sob forte emoção, o que mais percebe são as pulsações cardíacas. As mulheres, em geral mais emotivas que os homens, ao se sentirem de repente amedrontadas, inquietas ou excitadas, costumam comprimir o peito bem em cima do coração.

Portanto, os centros físicos de cada aspecto da consciência estão localizados no alto da cabeça (*mon* ou mente), entre as sobrancelhas (*buddhi* ou intelecto); na parte inferior do cérebro, na *medulla oblongata* (*ahankara* ou ego) e na área do coração (*chitta* ou sentimento).

Depois que Yogananda deu essa explicação, os panditas se confessaram vencidos.

A questão aqui, porém, é que *chitta* significa *sentimento*. Quando, ao contemplar aquele cavalo, seus sentimentos declaram "Como *sou* feliz por contemplar *meu* cavalo!", a ilusão se apossa de você. O ato mais importante — na verdade, o único importante — no caminho espiritual é acalmar as emoções. O sentimento calmo é o amor, que une a alma a Deus. Sentimentos exaltados ou irrequietos — as emoções —, por sua vez, perturbam nossa visão e nos impedem de aceitar plenamente que, na verdade, somos manifestações da serenidade eterna de Deus.

Yoga significa, pois, a prática graças à qual acalmamos esses vórtices de sentimento. Os sentimentos formam os redemoinhos de desejos e apegos que atraímos para nós com o pensamento: "Eu quero isto. É isto que me define. Eu *sou* isto!". Daí o valor do Kriya Yoga ensinado por Lahiri Mahasaya de Benares. O Kriya Yoga dissolve esses *vrittis* e direciona sua energia para o olho espiritual localizado na testa.

O yoga neutraliza todos esses pequenos vórtices.

Meu guru me disse certa vez: "Todos os desejos têm de ser neutralizados". "Todos?", perguntei. "Até os insignificantes, como o de tomar um sorvete?"

"Oh, sim!", confirmou ele enfaticamente.

Mas, em outra ocasião, pedi-lhe que me ajudasse a superar o apego à comida. "Não se preocupe com essas bagatelas", replicou ele com firmeza. "Quando o êxtase vem, o resto vai."

O importante, em outras palavras, não é a pessoa se concentrar de modo negativo em todos os desejos e apegos que tem de superar (só deve se concentrar nos grandes), mas sim devotar-se inteiramente a Deus. Assim como um rio caudaloso arrasta tudo com a força de sua corrente, a devoção intensa impulsionará cada desejo insignificante para cima, na direção do cérebro.

Podemos, pois, definir o yoga como a conquista de todos os desejos e apegos. A energia então liberada sobe diretamente para Deus.

O ensinamento do Bhagavad Gita (uma parte do *Mahabharata*) é este: na batalha entre nossa natureza superior e nossa natureza inferior, as emoções negativas não são aniquiladas, são apenas transformadas em sentimentos positivos — amor, entusiasmo pela verdade e solidariedade.

Concluindo, Deus é *Satchidananda* (sempre existente, sempre consciente, sempre renovadamente bem-aventurado). O amor divino é bem-aventurança em movimento; e *chitta* é bem-aventurança adaptada ao nível do sentimento humano. Os *chitta vritti* são os incontáveis redemoinhos pequenos formados pelas expectativas humanas de felicidade no mundo. Os desejos e apegos dos homens são infinitos. Como disse Yogananda, "os desejos são sempre gratificados e nunca satisfeitos".

1.3 | Então (espiritualmente livre), o sábio habita (a tranquilidade) em seu Eu interior.

A vida moderna nos induz a confundir realização com excitação. Mas à excitação se segue a tensão. E esta faz com que toda a felicidade se desvaneça. O frêmito da felicidade imaginária, que as pessoas identificam com excitação, abala os nervos e satura-os com medos reprimidos, os quais são liberados pelo cansaço que sobrevém após seus altos e baixos emocionais. "Beije-me como se esta noite fosse a última vez", diz uma canção popular mexicana. E outra traz este pedido desesperado: "Só esta vez; nunca mais" (*"Besame mucho, como si fuera esta noche la ultima vez"* e *"Una vez, nada mas"*).

Pois sim!

As pessoas se agarram à felicidade e depois se perguntam por que ela escapa imediatamente de suas mãos.

A calma é o único alicerce sólido para a realização e a felicidade verdadeiras, duradouras. E ela só é possível quando o ego deixa de gritar para atrair a atenção. A coisa mais importante, no caminho espiritual, é calar as exigências do ego. Por isso, há duas coisas que eu nunca faço: orar por mim mesmo e defender-me.

Há muitos anos, tive uma crise súbita de pedra nos rins. Era uma manhã de domingo e, às onze horas, eu deveria conduzir o serviço semanal em nosso retiro. A crise começou às nove. Eu me debatia como uma folha ao vento. Amigos queriam me levar ao hospital mais próximo. Este, porém, ficava a mais de meia hora de carro e a estrada era cheia de curvas. Só a ideia de fazer algum movimento me doía mais do que eu achava poder suportar. Recusei-me. Meus amigos pensavam, é claro, que eu logo começaria a rezar, pelo menos; mas, embora não dissesse nada, no íntimo eu não queria fazer isso. Então, ajoelhei-me na cama e ali fiquei, tremendo violentamente por quase duas horas. Por fim, consultei o relógio: 10h45 — faltavam apenas quinze minutos para o serviço começar! Começaria sem mim?

Rezei, então: "Divina Mãe, este não é um pedido pessoal, mas, se quiseres que eu conduza aquele serviço, terás de fazer alguma coisa a respeito".

Quase instantaneamente, no tempo que leva um agitar rápido de mãos, a dor desapareceu e foi substituída por uma intensa alegria íntima — tão intensa, de fato, que mal consegui fazer o sermão daquela manhã, tão repleto de bem-aventurança estava meu coração. Falei, e todos os presentes se sentiram edificados — mas não creio que por causa de nada que eu tenha dito!

A experiência de muitos anos me convenceu de que, se realmente confiarmos em Deus e não pedirmos nada para nós mesmos, Ele (ou Ela: Deus são ambos e nenhum!) suprirá todas as nossas necessidades. Uma longa experiência me convenceu também de que a Divina Mãe (é assim que concebo Deus) nunca deixará de me proteger.

Além disso, uma mente tranquila quase sempre acalma a oposição — ou, se não acalma, desarma.

Há muitos anos, ainda fazia pouco tempo que eu estava na América, com 13 anos e pesando apenas cinquenta quilos, um colega de escola, Tommy Maters (dois anos mais velho, cerca de cem quilos), concluiu que não gostava do sotaque que eu tinha na época. Vivia me ameaçando, sem que eu reagisse. Certo dia, ao almoço, sentou-se ao meu lado e pôs-se a criticar meus modos à mesa. ("Não sabe que deve pegar a sopa pelas *bordas* do prato? Caipira!") Calmamente, eu o ignorei.

"Garoto, vou *pegá-lo*!", exclamou ele, furioso. Eu sabia que Tommy faria isso. Ao voltar para o meu quarto, como não houvesse fechaduras em nossas portas, arrastei o armário e improvisei um bloqueio. Mas para Tommy, obviamente, empurrar uma porta era brincadeira. Irrompendo no quarto, atirou-me sobre a cama e começou a me bater com violência. Eu não podia fazer nada, exceto proteger o rosto com as mãos da melhor maneira possível.

"Vou jogá-lo pela janela", sussurrou ele bem baixo, para não chamar a atenção de quem estivesse no corredor. O meu quarto ficava no terceiro andar. Eu não disse nada. Finalmente, exausto, ele me largou — em péssimo estado, mas ainda vivo.

"Por que não pediu socorro?", perguntou-me um colega mais tarde.

"Porque eu não estava com medo", respondi.

"O que quer que aconteça", pensei durante a surra, "aceitarei".

O curioso é que, dali por diante, Tommy me deixou em paz.

A resistência calma, passiva — assunto que discutiremos mais a fundo adiante — vence as emoções violentas.

Assim, a calma que Patanjali descreve em seu aforismo não é alcançada somente por meio do esforço espiritual: a prática da serenidade em situações adversas pode apressar essa conquista.

Todo fruto espiritual amadurece a partir da atitude correta. Se você quiser conhecer a paz, pratique o pacifismo agora, sobretudo na adversidade. Se quiser conhecer a alegria, seja alegre agora, sobretudo na tristeza! E se quiser conhecer o amor divino, ame a todos, mesmo a seus inimigos declarados! (Não, não posso dizer que alguma vez gostei de Tommy, mas pelo menos nunca o odiei.)

Um aspecto interessante do caminho espiritual, mesmo se inconveniente para o neófito, é a certeza de que, não importam suas falhas e seus erros, Deus o fará tomar conhecimento deles — se, é claro, quiser sinceramente eliminá-los.

Esse aforismo de Patanjali, portanto, deve ser encarado não apenas como uma promessa de recompensa, mas também como um conselho para você assumir a atitude correta em quaisquer circunstâncias.

1.4 | De outro modo (se a pessoa não encontrou a paz em seu íntimo), os *vrittis* farão com que o Eu interior assuma inúmeras formas (exteriores).

Enquanto não conquistamos a calma interior, nossos *vrittis* (inclinações, desejos e apegos) não apenas assumem inúmeras formas exteriores como nos arrastam para as profundezas de incontáveis ilusões. Nossas muitas autodefinições não descrevem aquilo que realmente somos. Podemos nos dizer, "Sou um homem (ou uma mulher); sou rico; sou americano; sou jovem (ou velho); gosto (ou não gosto) de chocolate". Nada disso é verdade. Nós somos o Atman imortal, imutável, o Eu Supremo. Nosso ego pode nos elevar às culminâncias espirituais ou nos atirar aos abismos inimagináveis da degeneração. Podemos nos tornar santos ou cair tão baixo a ponto de reencarnar como micróbios. Tudo depende de nós. Não somos nossos *vrittis*, que apenas determinam nosso quinhão temporário na vida. Nós somos, e sempre seremos, o Atman imortal – Deus. Isso é verdade, já que a própria Criação é apenas uma manifestação Dele.

1.5 | Há cinco classificações de *vrittis*: dolorosas e não dolorosas.

Os *vrittis*, como já dissemos, são as inclinações, os desejos e apegos desenvolvidos pelo próprio indivíduo. As pessoas podem se definir como quiserem, mas algumas dessas definições lhes causarão dor, enquanto outras lhes darão prazer. Cabe observar que nenhuma autodefinição traz felicidade, pois todas as autodefinições são autolimitadoras. As limitações que nos impõem determinam o grau de nossa felicidade ou infelicidade. Fazer o bem aos semelhantes, por exemplo, não é garantia de felicidade, porquanto a verdadeira felicidade é um atributo da alma. Beneficiar o próximo pode apenas ajudar a remover uma das causas primárias da *in*felicidade, pois retira uma camada de egoísmo da consciência do benfeitor.

Devemos, assim, tentar superar todas as autodefinições, dizendo a nós mesmos: "Não sou nem um homem nem uma mulher. Não sou rico nem pobre. Não pertenço a nenhuma classe social. Não sou cidadão de país nenhum. Não carrego comigo tradições nem heranças. Não sou baixo nem alto. Sou, isto sim, uma alma livre, definida como tal por minha própria liberdade em Deus". Como declarou ousadamente Swami Shankara, "Não tenho nascimento, morte ou casta. Não tenho pai nem mãe. Eu sou Ele! Eu sou Ele! Eu sou o Espírito Bem-aventurado! Não tenho mente, intelecto ou *chitta*; não sou céu, terra, metais (corpo). Eu sou Ele! Eu sou Ele! Eu sou o Espírito Bem-aventurado!"

Nossos *vrittis* não nos definem tais quais somos; só nos definem tais quais *pensamos* ser. E, segundo nossos *vrittis*, podemos tomar o caminho descendente, para maiores sofrimentos, ou o caminho ascendente, para a bem-aventurança final em Deus.

1.6 | (Os *vrittis* são) concepções certas e erradas daquilo que existe — imaginação, sono e lembrança. Todos os *vrittis*, agitando as águas do sentimento, distorcem a realidade que é a bem-aventurança da alma.

Uma imagem perfeita da relação entre a alma e o Espírito é o fogão a gás: uma única fonte de gás flui separadamente pelas diversas trempes. Para mostrar a individualidade de cada ser, podemos até jogar um produto químico diferente em cada chama para torná-la verde, alaranjada, amarela, etc. Podemos também dar a cada chama um cheiro próprio. E cada uma, conforme o tamanho do orifício, será grossa ou fina.

Ou seja, cada um de nós tem uma aparência diferente. Mas todos somos a manifestação de uma mesma realidade subjacente: o Espírito.

Nossos *vrittis* não passam de ilusões. Um conceito certo de verdade pode nos ajudar a chegar até ela, mas o conceito em si não é a verdade, assim como a mera constatação de que a água é úmida não irá molhar nossas roupas.

Meditar é a melhor maneira de banir a ilusão. Perfeitamente calmos, descobrimos a natureza falsa de cada ilusão tal qual se apresenta à nossa consciência. Um vendedor de ações pode se aproximar de alguém e lhe oferecer um investimento que o tornará rico; mas, se a pessoa tem uma sabedoria tranquila, esteja o vendedor falando a verdade ou não, ela tem certeza de que o dinheiro não lhe trará satisfação alguma. Uma bela mulher pode despertar num homem a tentação de acariciar seu corpo; mas se ele tiver uma sabedoria tranquila, dirá prontamente a si mesmo que nenhum contato físico poderá jamais trazer felicidade à sua alma imortal. Um bêbado cambaleante se aproxima de você e propõe, "O amigo tem inúmeros problemas na vida, certo? Então vamos beber juntos e esquecer nossas dificuldades!"; se você tiver uma sabedoria tranquila, irá constatar que, bêbado ou não, os problemas persistem — mesmo que os esqueça por algumas horas. Além disso, se beber, você apenas reduzirá sua capacidade de enfrentá-los bravamente quando, outra vez, aflorarem em sua vida.

Todos os *vrittis* são ilusórios. A única diferença é que uns elevam a mente, subtraindo-a à ilusão, enquanto outros a mergulham na ignorância crassa.

As concepções corretas — por exemplo, a de que é bom frequentar ambientes espirituais — nos elevam a ponto de conseguirmos, sem esforço, nos livrar completamente das ilusões. As concepções erradas, por outro lado — como a ideia de que encontraremos a felicidade farreando com velhos colegas de bebedeira —, puxam nossa mente para baixo, envolvendo-a em ilusões que evocam os bons tempos de algazarra, as piadas sujas e as fantasias de uma riqueza cada vez mais distante.

A imaginação às vezes ajuda e às vezes atrapalha. Podemos usá-la para vislumbrar possibilidades quando a visão prática da realidade não nos dá respostas; ou para buscar repouso em sonhos agradáveis, mas falsos, de uma situação irreal. Pessoas sem imaginação raramente descobrem soluções inovadoras para seus problemas práticos; e pessoas com imaginação, mas carentes de firmeza ou energia, não raro acabam em asilos de lunáticos.

O sono é ao mesmo tempo um restaurador da energia e um incentivador da preguiça — a chamada *tamoguna*, uma tendência da mente irresponsável a esperar que as dificuldades, mais dia menos dia, se resolvam por si.

A memória pode nos fazer sonhar em vão com um passado que já se foi. No entanto, uma memória lúcida sempre nos oferece pistas para resolver problemas atuais que parecem não ter solução. No sentido espiritual mais elevado, conforme veremos adiante, a memória é também aquilo que nos traz à mente a verdade segundo a qual somos filhos de Deus — verdade que esquecemos por éons, mas permanece em nossas almas para nos lembrar sempre de que somos eternamente divinos.

Portanto, só depende de você a maneira de direcionar seus *vrittis* ou inclinações. Porém as companhias de que se cerca podem influenciar esse direcionamento. O ambiente — que inclui os amigos — vence a força de vontade.

Entretanto, nossas más inclinações podem se tornar boas. Por exemplo, há muitos anos, quando eu era um neófito, senti-me de repente num estado de ânimo negativo. O raciocínio não me ajudou a ficar livre dele. Eu não estava gostando daquela situação e, por isso, sentei-me para meditar, direcionando a mente com insistência para o ponto entre as sobrancelhas. Bastaram cinco minutos. Depois que ergui minha consciência, passei a ver o mundo com novos olhos.

Nossos pensamentos não nos pertencem. Como escreveu Paramhansa Yogananda em *Autobiografia de um Iogue*, "Os pensamentos dos homens têm raízes universais, não individuais". A pessoa pode declarar: "Ora, não sou tão influenciado assim pelas ideias alheias"; mas não percebe que *cada* ideia sua depende de inúmeros fatores: seu nível de consciência; o que os outros esperam dela; o panorama geral de consciência no país e na época em que vive; o alimento que ingere, o lugar em que come e as pessoas que o acompanham à mesa; a posição do Sol, da Lua e dos planetas em seu horóscopo; seu sexo; suas ações passadas e a influência que exerceram em sua personalidade; e também a posição atual da Terra em nossa galáxia. Além disso, quando examinamos nossas ações passadas, devemos levar em conta não apenas o que fizemos nesta existência, mas também o fato de termos vivido incontáveis encarnações — não só na Terra, em outros planetas também. As lembranças específicas dessas vidas se perderam para nós, mas sua influência em nossas atitudes e tendências atuais é muito forte.

Na Índia, encontrei um manuscrito supostamente escrito há milhares de anos, quando a Terra passava pela chamada Treta Yuga, que é uma era iluminada durante a qual a humanidade supera a ilusão do tempo. O manuscrito previa minha vida em detalhe, a ponto de dizer, "Ele terá irmãos, mas não irmãs, embora uma vá morrer no ventre materno". (Quando voltei para a América, perguntei à minha mãe se ela tivera algum aborto. "Sim", foi a resposta. "Um só." Tive dois irmãos.) O manuscrito mencionava outros fatos de minha vida, como as provas que enfrentaria e as recompensas que obteria depois de superá-las. E acrescentava: "Há, porém, o risco de uma morte súbita, inesperada". Fato interessante, essa predição poderia ter se materializado três vezes em minha vida.

A primeira foi no deserto de Twentynine Palms, na Califórnia. Eu havia saído para um passeio e, de repente, um bando de corvos passou bem perto de minha cabeça. Pensei então, "Isto parece um mau presságio".

Eu dormia ao ar livre, num pequeno terraço. Dois dias depois, arrumei a cama antes de voltar para casa e, entre os lençóis, achei uma viúva-negra esmagada. Devo ter rolado sobre ela, em pleno sono, e matei-a inadvertidamente.

A segunda vez foi quando instalava um microfone para um evento, na Índia. Ao pegá-lo, um choque elétrico me fez subir alguns centímetros do chão. No mesmo instante, o fusível queimou. Se isso não tivesse acontecido, minhas mãos ficariam coladas ao metal e eu morreria. O evento teve de ser adiado por cerca de trinta minutos, enquanto outro fusível era instalado, mas pelo menos minha vida foi poupada. (Um dado interessante é que a pessoa para quem eu estava preparando o microfone mais tarde tentou duas vezes me destruir, embora não necessariamente me matar! Teria sido aquele o primeiro sinal de conflito kármico entre nós?)

O terceiro episódio ocorreu também na Índia. Comprei uma Lambreta e tirei-a do engradado tão logo ela chegou à casa onde eu estava morando, em Nova Délhi. Subi para o assento e liguei a chave, sem perceber que a moto estava engatada. Nunca havia dirigido uma Lambreta antes e não sabia sequer onde ficava o pedal do freio. De repente, a máquina disparou em alta velocidade dentro do pátio de paredes de tijolos onde me encontrava. Eu tinha menos de dois segundos para descobrir como desligá-la e freá-la. Por sorte, consegui as duas coisas, parando a poucos centímetros da morte certa.

Sejamos francos: você, eu, todos somos trapalhões! (Com perdão da palavra.) Nosso único apoio seguro é pensar em Deus, pedir Sua graça, buscar Sua presença na meditação. Como diz Sri Krishna no Bhagavad Gita, "Afaste-se de Meu oceano de sofrimento e angústia!"

◎ ◎ ◎

1.7 | O correto entendimento vem da percepção direta, da inferência e da autoridade válida.

Um amigo americano da Ananda passou anos na prisão, acusado de assassinato, embora alegasse inocência; a vítima fora vista depois na Europa e, segundo parece, o juiz tinha prevenção contra ele. Minha fé na justiça dos tribunais se desvaneceu quando eu próprio me vi exposto a ela anos atrás. É inútil confiar na justiça dos homens. Infalível é apenas a lei do karma: essa merece nossa confiança.

Nossa mente, porém, quer ver as coisas como são. Esta passagem realça a importância do correto entendimento e o que temos de fazer para obtê-lo. A percepção direta é uma ferramenta na qual podemos confiar — mas só em parte. Nossos olhos nos informam de que aquela nuvem na colina distante é neblina: mas, de fato, é a fumaça de um incêndio.

A inferência a partir de uma percepção falsa é vã.

O terceiro elemento, autoridade válida, deve ser considerado o mais importante de todos. Em se tratando de um assunto simples, comum, a autoridade válida pode chegar até nós pelo telefone ou pelo rádio. Em assuntos mais sutis, porém (especialmente os de natureza espiritual, como a questão da existência de Deus), a percepção autêntica é rara. Sem a intuição verdadeira, a percepção nem sempre é confiável.

Lembro-me de visitar certa vez uma hospedaria em Big Sur, na Califórnia. O proprietário era grande como um urso. Por um motivo qualquer, acabamos falando a respeito de Deus. Ele não arredava pé de seu ponto de vista e por isso comentei: "Acho que, em toda a minha vida, encontrei no máximo seis pessoas que realmente conheciam Deus".

Agressivo, o homem rosnou: "Pois aí está! Acaba de encontrar a sétima!".

Nem é preciso dizer, essa declaração não me convenceu!

Como sabemos que Deus existe? Quase nenhum de nós pode falar disso por experiência própria. Então nosso conhecimento deve provir da inferência?

Há muito tempo, quando eu tinha apenas 13 anos, resolvi encontrar a verdade. Tentei encontrá-la por meio da ciência, da visão científica, dos sistemas políticos, das artes: para onde eu ia, acabava num beco sem saída. Por fim, em desespero — já com 21 anos —, concluí: sem Deus, não há verdade. Deixara-O de lado porque o Deus sobre o qual se falava na igreja não podia existir. Certa tarde, fiz uma longa caminhada e, em meio às sombras que se adensavam, perguntei a mim mesmo: "Se Deus existe, como Ele é?". Descartei as imagens usuais de juiz, etc., como humanas demais para merecer crédito.

Em seguida, questionei-me: "Por que estou perguntando isso?".

A resposta não tardou: "Porque sou consciente".

Então compreendi: Deus *deve* ser Consciência!

Se assim for, continuei pensando, minha obrigação como ser humano é abrir-me totalmente para *Sua* consciência!

Tinha minha resposta! Daí por diante, resolvi me dedicar à busca de Deus. Mas precisava de ajuda. A inferência me provara que tem de haver um Deus. Só me faltava a ferramenta decisiva para o correto entendimento: uma autoridade válida. E o próprio Deus me conduziu a ela. Estava nas escrituras indianas e num guru indiano. Eu, porém, não sabia muito sobre esses assuntos, na época. E eles me apontavam um caminho de vida contra o qual toda a minha educação se rebelava. Justamente naquela ocasião, meu pai foi enviado pela empresa onde trabalhava a uma terra distante: de Nova York para o Egito, para procurar petróleo. Foi tudo inteiramente pela graça de Deus, como ficou muito claro para mim quando a empresa mais tarde o transferiu, embora outra companhia aparecesse em seguida e encontrasse petróleo exatamente no ponto onde ele dissera que seria encontrado. Meu pai foi uma grande influência em minha vida, mas Deus me libertou dessa influência. Meses depois, bem no dia em que embarquei minha mãe no navio para ir juntar-se a ele, encontrei numa livraria de Nova York o livro *Autobiografia de um Iogue*, de Paramhansa Yogananda. Livre para operar essa mudança drástica em minha vida, peguei o próximo ônibus para Los Angeles, Califórnia, procurei Yogananda e fui aceito como seu discípulo. É o que tenho sido há 64 anos. Ele foi minha "autoridade válida".

Alguns tradutores, em vez de "autoridade válida", empregam "autoridade escritural", achando que esse é o "entendimento correto" dos assuntos espirituais. No entanto a autoridade escritural depende de fatores duvidosos como a interpretação, a compreensão (em muitos casos) do próprio tradutor e o poder da experiência pessoal daquele que expõe essa autoridade. Em assuntos espirituais, a única autoridade realmente válida é uma pessoa que encontrou Deus — em suma, um guru verdadeiro ou *sat*.

Contudo, os discípulos de um verdadeiro guru não são iguais no grau de discernimento. Assim, é importante também confiar na própria *compreensão* daquilo que o guru ensina. Mesmo discípulos muito próximos podem não entender bem alguns pontos fundamentais apresentados pelo guru. Por isso, aconselho: nunca tenha muita certeza de nada! A humildade é o caminho mais fácil para Deus. A melhor orientação, no entanto, só pode provir de uma percepção intuitiva clara, que a sintonia interior com o guru proporciona.

◎ ◎ ◎

1.8 | O entendimento errôneo consiste em confundir a verdadeira natureza daquilo que se considera.

Na meditação, a pessoa pode ver anjos, santos e luzes celestes. Conheço muitas que pautam suas vidas por essas visões. E outras que, por causa de visões falsas, cometeram grandes erros. Como distinguir as visões e as vozes interiores verdadeiras das falsas? Como separar as autênticas experiências espirituais das divagações de uma imaginação febril?

O exame deve começar pela calma profunda. Sem calma, não haverá intuição real. O entendimento errôneo se deve o mais das vezes à impaciência.

A sociedade moderna, irrequieta como é, entende quase tudo da maneira errada. Eu não vejo televisão nem ligo rádio. E ao rádio e à televisão as pessoas se expõem diariamente em casa, durante horas e horas, em quase todos os cantos do globo! Como poderão entender *qualquer coisa* corretamente?

Certa vez, eu estava com meu guru em companhia de alguns de seus discípulos monges. Ele se virou para Oliver Rogers e disse: "Rogers, você fará uma viagem tranquila".

Os outros monges pensaram imediatamente: "E eu? Eu também farei uma viagem tranquila?".

Respondendo a esse pensamento, meu guru disse: "Vocês todos farão uma viagem tranquila [...] se permanecerem em sintonia".

Mais tarde, tendo Yogananda se afastado, vários deles exultaram: "Ouviram aquilo? Ele disse que todos nós faremos uma viagem tranquila!".

Eu não queria desanimá-los apontando o óbvio: o mestre acrescentara uma palavrinha, "se". "Se" foi a resposta dada por um general espartano ao comandante persa que se gabava do que faria com os gregos depois de vencê-los. Os persas não venceram.

O entendimento errôneo é um dos maiores obstáculos na vida, em tudo, mas principalmente no caminho espiritual. Um homem começa a vida pensando: "Vou ser rico! Viver numa mansão enorme! Tornar-me poderoso, famoso, invejado por todos!". Sim [...] *se*! Quem não trabalhar duro para conquistar essas coisas pode acabar como funcionário raso num escritório cheio de teias de aranha.

Um homem inicia o caminho espiritual pensando, "Sei do que preciso". Encontra um guru autêntico, mas continua dizendo a si mesmo, "Sei o que é melhor para mim". Muitos desses discípulos regressam ao mundo, desiludidos com o guru. É o que pensam; todavia, mais tarde, seus olhos revelam uma desilusão ainda maior com o mundo.

Uma das primeiras necessidades, no caminho espiritual, é o entendimento correto. Por que você escolheu esse caminho? Por que abandonou a vida mundana? Por que deseja encontrar Deus? Será que o que quer de fato não é reconhecimento, admiração, respeito, posição elevada? Vi muitos discípulos assim ironizando o tratamento que recebiam.

As primeiras necessidades de um discípulo são obediência, humildade, devoção ao guru como um canal de Deus e completa abertura para o que ele lhe oferecer.

O entendimento errôneo tem base no ego. Não poderemos perceber nada corretamente enquanto nossa própria capacidade de perceber estiver toldada por pensamentos egoístas.

A mente tem forte tendência para a autoilusão, nascida de racionalizações de desejo e de medidas de proteção tomadas pelo ego. Daí a absoluta necessidade de um guru, caso a pessoa seja realmente sincera em sua busca. Mas mesmo assim ela deve se aproximar do guru com a atitude correta.

1.9 | O entendimento baseado na mentira é imaginário.

Um pandita perguntou a Sri Ramakrishna, procurando justificar uma ação má: "Você diz que tudo é sonho. Pois então só este ato *não é*?".

A autojustificação nunca é segura, pois tenta desculpar justamente aquilo que, em última análise, é uma mentira: o ego! Mais seguro, para o buscador sincero, é reconhecer o próprio erro e não se defender nem mesmo contra a pior das acusações. Persiga a verdade sempre, em quaisquer circunstâncias, e expulse da mente toda tentação de justificar-se.

1.10 | O sono é o apego ao nada.

Meu guru costumava dizer, "O sono é uma imitação do *samadhi*". Um pouco de sono faz bem ao homem; sono demais é uma droga. Encontre o repouso de que precisa na meditação profunda.

No entanto, quando leio essa passagem, pergunto-me: o sono é apenas um apego ao nada? Algumas de minhas melhores músicas me ocorreram quando eu estava dormindo. Algumas de minhas melhores respostas a problemas também. O mesmo ocorreu com algumas de minhas melhores orientações espirituais.

Hoje de manhã, por exemplo, enquanto escrevia estas palavras um pouco sonolento, tentei imaginar formas de atrair as pessoas para nossas *satsangs* semanais na Itália. Quase ao fim do sonho, tracei um plano que a meu ver talvez ajudasse a criar um estado de consciência superior para a humanidade.

O plano pressupunha que todos, de qualquer religião, reservassem quinze minutos para acalmar a mente e pensar em Deus. Mesmo ateus e agnósticos (aqueles que rejeitam a ideia de Deus e aqueles que suspendem seu julgamento em relação à existência de um Ser Superior) se beneficiariam dessa prática tentando serenar a mente por alguns instantes no torvelinho diário da existência. Não considero essa prática, de nenhum ponto de vista, sectária. Seria bom, contudo, que as pessoas se reunissem em lugares especiais, pois os esforços em grupo dão melhores resultados e há muita energia nos locais escolhidos para essa atividade. Poderiam se reunir em igrejas, sinagogas, mesquitas, templos hinduístas, academias de yoga, parques e salas reservadas em residências ou edifícios de escritórios. Poderiam acomodar-se em qualquer posição confortável. Assim, durante quinze minutos, procurariam serenar sua mente.

Como este é um livro sobre yoga, eu proporia aos interessados uma técnica yogue: observar com a mente a respiração. Não tentem controlá-la; deixem-na fluir. Ao inspirar, digam mentalmente *"Hong"*. Ao expirar, sigam o fluxo do ar entoando *"Sau"*.

Esse mantra se baseia nas palavras sânscritas *Aham* (Eu) e *Saha* (sou Ele). Juntas, porém (*Hong-Sau*), transformam-se num mantra seminal, ou *bij*, que tem efeito calmante sobre a mente.

Onde a respiração deve ser observada? Bem, à medida que a mente se acalma, a pessoa deve voltar a atenção para o fluxo de ar na base do nariz, situada perto da sede da supraconsciência (entre as sobrancelhas).

Quando praticar esse exercício? De preferência, na mesma hora todos os dias. Sugiro o meio-dia, que é de modo geral um bom momento; já para os não viciados em televisão (como eu), uma ótima alternativa são as nove da noite. Se você conseguir a adesão de alguns amigos, poderão discutir um horário conveniente para todos. É que, mesmo separados no espaço, haverá entre vocês uma unidade de consciência.

É importante que essa prática não degenere em nenhuma forma de sectarismo. Tudo deve acontecer entre vocês e Deus ou entre vocês e sua própria consciência.

Seria bom todos se sentarem juntos, mas se você não puder comparecer, nem por isso deixe de praticar.

Quinze minutos diários desse exercício, praticado por milhares ou mesmo milhões de pessoas em todo o mundo, poderiam transformar o planeta.

Devo acrescentar que, finda a manhã, ocorreu-me de súbito que uma grande santa indiana, Anandamayee Ma, propôs basicamente a mesma ideia muitos anos atrás.

◎ ◎ ◎

1.11 | A memória é o apego (não abandono) de quaisquer ideias de objetos que retornam à mente.

A memória é mais um *vritti*, ou redemoinho, alojado na mente. Também ela deve ser acalmada antes que uma perfeita iluminação possa ser obtida. Os desejos e os apegos são a parte consciente de nossos *vrittis*, assim como a memória e a necessidade de dormir. Tudo isso deve ser superado para podermos alcançar o *samadhi*. *Samadhi*, ou unidade, sobrévem quando trazemos a paz para todos os nossos *vrittis*.

◎ ◎ ◎

1.12 | Os *vrittis* são acalmados pela prática e pela ausência de apego.

Lahiri Mahasaya costumava dizer: "*Banat, banat, ban jai*" ("Fazer, fazer já é ter feito"). Não fique o tempo todo esperando resultados. Meu guru explicava:

"Se você plantar uma semente e não parar de revolver a terra para ver se ela está germinando, a planta não crescerá nunca. Contente-se com regá-la, sabendo que por enquanto só isso é necessário. Por fim, um belo dia, o primeiro broto irromperá do chão". E acrescentava: "Continue regando-a, protegendo-a de insetos e animais (dúvidas e companhias mundanas) até ela se fortalecer o bastante para não precisar mais de cuidados".

◎ ◎ ◎

1.13 | O empenho em desenvolver a serenidade é o que constitui a prática espiritual.

Isso parece muito simples, mas seu significado não é tão simples assim. Todo prazer ou a alegria emocional que você experimenta deve ceder o passo à serenidade. "No fundo, isto realmente não tem importância para mim." Aceite a dor com calma, recusando-se a definir essa sensação como dolorosa. Quando for ao dentista, não aceite anestesia. Diga a si mesmo, "Não estou sentindo dor. Isto não passa de uma sensação!" Varie então seus pensamentos: por exemplo, planos para o dia de trabalho no escritório ou o prato que preparará ao chegar em casa.

Insira num quadro maior da realidade qualquer sofrimento que experimentar. Um ente querido morreu? Pense na felicidade dele ao ficar livre das limitações do corpo físico e não em sua própria perda.

Você recebeu um diagnóstico que lhe dá pouco tempo de vida? Jogue todo apego exterior — pessoas, circunstâncias, posses, ambições — na fogueira e, alegremente, contemple-os desaparecendo de sua vista e de sua cognição.

Alguém o enganou, levando-o à falência? Diga a Deus "Sou Seu. É Sua tarefa tomar conta de mim. Vivo apenas para Lhe ser agradável!"

Sua empresa está indo à bancarrota? Faça o melhor que puder para impedir isso, mas deixe os resultados nas mãos de Deus. *Nishkam karma* — agir sem desejar recompensa pessoal pelos frutos da ação — é o ensinamento do Bhagavad Gita.

Finalmente (e não o aborrecerei mais com novos exemplos) você ganhou uma importante promoção ou um prêmio? Lembre-se de que os altos e baixos da vida são meras ondas na superfície do oceano. Não fique nem excitado nem deprimido pelo bem ou o mal que porventura lhe ocorram — pois tudo ocorre pela Vontade Divina. Decida viver em paz, não importa o que lhe aconteça.

Interiormente, não se apegue a nada, de tal modo que, se morrer hoje, possa abandonar o corpo em paz e liberdade perfeitas.

Um pensamento acessório muito importante, contudo, é jamais ceder à indiferença negativa. Desapego? Sim, isso deve existir sempre. Mas diga a você mesmo, "Faço de tudo para agradar a Deus e não para obter satisfação pessoal".

1.14 | A prática espiritual adquire alicerces sólidos quando é empreendida por longo tempo, sem interrupção e com a máxima seriedade.

"Máxima seriedade" significa que, mesmo quando estiver trabalhando no escritório, conversando com amigos, praticando um esporte qualquer ou se divertindo numa festa, deve sempre revolver este pensamento no fundo da mente: "Estou fazendo isto como parte de Teu jogo. Não significa nada para mim pessoalmente, quer ganhe ou perca, seja acolhido ou repelido pelos amigos, receba elogios ou censuras por meu desempenho. Por dentro, estou sempre em paz Contigo".

1.15 | A constante lembrança de si mesmo provoca o total desapego das coisas vistas ou ouvidas.

Não nos apegamos apenas às coisas vistas, mas também às ouvidas. Notem como os homens (principalmente eles) leem avidamente o *Wall Street Journal* para saber a cotação das ações na bolsa e como as mulheres (principalmente elas) procuram notícias sobre o escândalo local do dia. Quando vivemos na consciência de Deus, nossos apegos exteriores se desvanecem. Lembre-se: a mente cresce com aquilo de que se alimenta.

O Irmão Lawrence explicou isso muito bem. Devemos "praticar a presença de Deus". Ou seja, devemos sempre incluir *conscientemente* Deus em tudo o que fizermos.

1.16 | Quando cessa a sede pela manifestação exterior, após a conquista de *Purusha*, a pessoa alcança o estado de supremo desapego.

Tat = aquilo; *param* = supremo; *Purusha* = o Eu verdadeiro; *kyater* = devido à conquista; *guna* = atributo da Natureza; *vaitrishnyam* = sem sede.

Até agora, ainda não discutimos os *gunas* ou qualidades da manifestação exterior. Explico agora o que é isso. Há três gunas: *sattwa*, *rajas* e *tamas*. Segundo uma antiga lenda indiana, quando Deus criou o universo, fez todos perfeitos. E cada qual, portanto, tão logo se viu criado, sentou-se em meditação e se fundiu com seu ser essencial, Deus. Deus (o Espírito Supremo) pensou então, "Devo criar a ilusão". A humanidade, sob o domínio da ilusão, passou a almejar as coisas criadas, de modo que o universo se tornou aquilo que podemos chamar de "preocupação constante".

Para falar de modo literal (embora ainda figurado, pois em assuntos como este não é possível falar literalmente), quando o Oceano do Espírito decidiu criar, desencadeou o vento de *maya* (ilusão) sobre a superfície das águas, gerando ondas. As pequenas ondas são uma boa descrição de *sattwa guna*, pois é fácil vê-las como manifestações do vasto oceano. A força que ergue as ondas é *rajoguna*. E as ondas altas, que obscurecem o fato de serem todas apenas ondas de um oceano único, são *tamoguna*.

Rajoguna, a qualidade ativadora, pode impelir a mente cada vez mais para fora. Nesse caso, manifesta a energia *rajo-tamo*. Quando impele a mente para dentro, na direção do Eu interior, torna-se *rajo-sattwa*. Assim se resolve o dilema: por que existem *três* gunas num universo em que o princípio dominante é a *dualidade*?

Sattwa guna são as qualidades que elevam a mente: calma, desapego, bondade, devoção, etc. Tamoguna são as que rebaixam a mente, tornando-a insensível: preguiça, indiferença, estupidez, uso de drogas para fugir à realidade, álcool ou qualquer substância que embote a mente. Rajoguna, a qualidade ativadora, é irrequieta, nervosa e ávida de mudanças. Quando esse guna impele a pessoa para baixo — suscitando o apego egoísta às coisas, a raiva, o ódio e a preferência por más companhias —, é rajo-tamas. Se a inquietude da pessoa leva-a a procurar a paz, a ajudar os semelhantes, a trabalhar pela melhoria social ou a conviver com gente nobre ou otimista, manifesta-se como rajo-sattwa.

Essas qualidades da consciência estão presentes apenas no universo manifesto. Dissolvem-se no Espírito quando a consciência da pessoa se funde novamente com Ele.

Podemos perguntar se o Espírito Supremo, Purusha, está além de qualquer sentimento de amor por Sua criação. Convém lembrar que falamos aqui de realidades absolutas, impessoais. Meu guru me explicou certa vez que Deus "devora pessoas" — e, para ilustrar o que dizia, fez um gesto significativo com a mão direita!

O amor divino *é* impessoal. O amor impessoal é o único amor verdadeiro que existe. O amor humano usualmente sofre com a morte de um ente querido, quando este, na verdade, pode estar vivendo agora uma vida muito mais feliz. Certamente é possível ser muito, muito mais feliz no mundo astral do que a maioria das pessoas o é na Terra, onde suas emoções são cercadas e sufocadas pelas grossas paredes da realidade material.

Encaremos os fatos: é o próprio Espírito que criou a ilusão. Até Satã é uma manifestação de Deus! Satã é a força direcionada para fora que traz tudo à manifestação e tenta manter o universo perpetuamente manifestado. Em geral, ele não perturba as pessoas que já têm seguras em sua rede; mas quando alguma se esforça sinceramente para escapar, Satã faz o possível para trazê-la de volta. Assim, os santos são submetidos a provas incontáveis, com Satã testando a sinceridade de sua vocação íntima. Satã trabalha incansavelmente pelo afastamento de Deus. Quanto mais as pessoas se submetem a ele, mais fortemente ele as atrai.

Mas há também a atração de Deus. Digamos assim: Satã nos puxa para a esquerda, Deus nos puxa para a direita, mas nenhum dos dois faz nada antes de nós próprios darmos o primeiro passo. No entanto, quanto mais nos aproximamos de Deus, mais fortemente Ele nos puxa, com o amor. E quanto mais nos movemos na direção do individualismo e da satisfação do ego, mais tenazmente Satã nos arrasta para o autoenvolvimento e a escuridão mental. Satã não nos ama, mas o amor de Deus por nós é infinito. Não é pessoal — mas também não é impessoal no sentido de ser indiferente. Ele ama nossas almas. O devoto pode incidir na ilusão de que, como põe à prova a sinceridade de sua devoção, Ele consequentemente não se preocupa com a felicidade e o bem-estar de ninguém. Isso é pura falácia.

Convém, nesses assuntos, estudar as vidas dos grandes santos de todas as religiões. Eles sempre declararam que a alegria e o amor divinos são as únicas realidades, os únicos objetivos dignos de se perseguir na vida.

⊚ ⊚ ⊚

1.17 | Sampragyata samadhi (*sabikalpa samadhi*, o estado de unidade condicionada) ainda está preso às diversas funções do ego.

Meu guru geralmente dava a essa condição anterior de samadhi, ou unidade, o nome de *sabikalpa*. Mas, muitas vezes, como aqui, ela é chamada de *sampragyata*. Independentemente do nome, porém, a realidade é a mesma. Os eruditos gostam de empregar esse termo, bem como seu antônimo *asampragyata*, para demonstrar sapiência. Contudo, em seu verdadeiro significado, as duas palavras vão muito além da erudição! Usarei as que meu guru preferia, *sabikalpa* e *nirbikalpa*.

Quando alguém mergulha profundamente na meditação, ultrapassa a mente racional, o ego e todos os vórtices de sentimento para enfim obter a cognição (sorrio ao me ver empregando aqui esse termo intelectual, *cognição*, como se quisesse alardear minha cultura!) da unidade do Espírito. O que, sobretudo, precisamos superar é o nosso senso do ego. A onda tem de compreender que é apenas uma manifestação do vasto oceano. O ego tem de compreender que, em essência, faz parte do Espírito infinito. Só então obterá a liberdade divina.

Em *sabikalpa*, o meditador compreende que só Deus existe. Mas compreende isso como se estivesse olhando por uma janela panorâmica. Sua compreensão ainda ocorre *com* o ego e *a partir* do ego. Assim, *sabikalpa samadhi* é a primeira ruptura real com a ilusão — mas também o último e supremo teste de Satã!

Sucede que, se o ego contemplar sua própria natureza por aquela janela, admirando-se — "Como sou grande!" —, ele pode, por força desse pensamento, recair na ilusão. Dirá, pois, "Eu, o infinito, mas ainda assim real John Brown, tenho acesso ao poder infinito". Algumas pessoas, depois de alcançar esse estado, decaem não apenas dele, mas *por causa* dele! Meu guru me contou sobre vários santos que recuaram dessa condição de quase liberdade. Tenho alguns motivos para crer que também eu já cometi essa tolice. E isso há milhares de anos! O caminho espiritual não é nenhum parque de diversões!

As pessoas que decaem desse estado às vezes pensam saber mais que seus próprios gurus. *Têm* poder e podem usá-lo mal. O *karma*, no entanto, ainda é gerado por seus egos, podendo imobilizá-las (as pessoas) por inúmeras encarnações.

Precisamos ultrapassar *sabikalpa* (unidade condicionada) e atingir *nirbikalpa* (unidade incondicionada) antes de poder declarar com segurança: "Sou livre!". Convém, sem dúvida, *afirmar* nossa liberdade, mesmo lutando contra incontáveis vórtices de apego e desejo, pois com essa afirmação nos oferecemos ao impulso ascendente de Deus e debelamos a força de atração de Satã. Mas a afirmação, embora importante, não basta. Você pode estar muito doente num hospital e afirmar que se sente bem. Essa afirmação, contudo, não significa que vá ter alta.

Em *nirbikalpa samadhi*, a alma rompe totalmente os grilhões do ego e não pode mais ser recapturada. Nesse estado superior de samadhi, ela alcança a unidade com Deus. Estará então inteiramente livre? Não, pois conserva ainda a lembrança de envolvimentos *passados* do ego. Atingiu o nível de *jivan mukta*. E pode permanecer nele por vidas e mais vidas, até se esquecer de que foi, digamos, "Eu, o pirata" que degolou aquele pobre marinheiro numa existência anterior e agora compreende que Deus sonhou também o papel desse pirata.

Perguntei certa vez ao meu guru: "Mas, nesse estado de liberdade interior, a pessoa não pode simplesmente declarar 'Foi Deus o responsável por tudo'?".

"Pode", respondeu ele. "Mas acontece que, em tal estado, ela na verdade pouco se importa. Muitos santos usam esse vínculo para voltar e ajudar seus discípulos."

No entanto, conforme explicou, depois de compreender que só Deus, em todas aquelas encarnações, era real, o santo obtém a plena libertação, ou *moksha*, tornando-se um *param mukta* ou um ser inteiramente liberto.

Esse ser inteiramente liberto, que, por compaixão à trôpega humanidade, encarna de novo num corpo, é o que chamei de avatar. Retorna, ao contrário dos santos menores, com um ilimitado poder divino para salvar seus semelhantes. Jesus Cristo foi um avatar. Houve muitos outros.

Estamos habituados, sobretudo no Ocidente, a pensar que Deus é "totalmente outro" — que permaneceremos para sempre separados Dele. A ideia de que na verdade podemos nos *tornar* Deus é assustadora: soa quase como uma blasfêmia. Mas, de fato, Deus é a única realidade que existe. Em nossos egos, estaremos eternamente separados. Entretanto, quando superarmos as limitações da consciência egoísta, não existirá mais nada que possa *ser*!

Há o ego que conhecemos em nosso corpo físico: a alma presa à matéria, que induz a pessoa a se julgar, digamos, o machão local, o valentão da área, o sujeito que gaba as próprias habilidades, ignora oposições, estoura de orgulho por causa de seus talentos e, talvez, se pavoneie como um grande conquistador de mulheres. Alguém poderá pensar: *"Esse camarada aí [...] um santo?"*. Sim, até ele! Sempre imaginamos o santo como uma pessoa que se retrai, que jamais aceita crédito por nada. E somos convidados a ver o fanfarrão como o próprio Deus? Impossível! Porém, é isso que toda alma liberta se torna.

Na peça num ato *A Joia no Lótus*, de minha autoria, um mercador materialista, Romesh, fica sabendo que até ele é Brahman. "Ah!", exclama o mercador, voltando-se para o filho. "Ouviu isso, menino? De agora em diante, é melhor ouvir o que *eu* digo!" Infelizmente, não entendera a lição fundamental: ele, Romesh, não é Deus; Deus é a alma que habita o interior de todas as criaturas, muitas das quais estão exteriormente revestidas de formas excessivamente humanas.

Mesmo depois que sufoca a necessidade de retornar ao invólucro humano, tendo a individualidade nela expressa deixado para trás todos os desejos e apegos, a alma continua enclausurada em seu corpo astral. De fato, o ego tem sua origem no corpo astral. Neste, a prisão não é tão rígida quanto a anterior — como se tivesse paredes de concreto —, mas ainda preserva a separação dos outros seres.

Depois de romper os vínculos com o corpo astral, a alma se liberta por completo da consciência do ego. Contudo, permanece ligada ao corpo causal. Seus poderes, nesse corpo sutil, são quase ilimitados, mas ela continua envolvida numa teia de pensamentos e formas mentais que a impedem de se fundir inteiramente com o Infinito.

A união total com Deus só ocorre depois que a alma rompe essa última teia de pensamentos. Então, sim, ela se funde com Deus: ou seja, *torna-se* Deus. Isso, aos ouvidos de um cristão ortodoxo, só pode soar como blasfêmia. Mas nenhuma lógica consegue desmentir a realidade. Só o que existe é Deus. Você, em sua natureza profunda, *é* Deus!

◉ ◉ ◉

1.18 | O samadhi incondicionado (asampragyata ou *nirbikalpa*) sobrevém com a cessação de todo pensamento consciente. Apenas subsistem as lembranças subconscientes (de encarnações passadas). (Já não há nenhum "eu" para subjugar a consciência da pessoa.)

Exceto pelas recordações de vidas anteriores, a consciência do eu, em *nirbikalpa samadhi*, foi completamente destruída e eliminada. Com efeito, a alma agora se identifica com Deus. Meu guru me disse que poucos santos na Terra foram além desse estado e alcançaram a libertação completa. Debati esse interessante assunto com ele um dia. Em suas palavras, afora nossa própria linha de gurus, os únicos santos que conheceu e dos quais poderia dizer que haviam obtido a plena libertação foram Swami Pranabananda (o "santo de dois corpos", como é chamado na *Autobiografia*), Ram Gopal Muzumdar (o "santo que não dorme", conforme Yogananda o chama no mesmo livro) e outro que ele não menciona ali, Sri Rama Yogi (o Yogi Ramaiah de Paul Brunton em A *Índia Secreta*). Eu mesmo recebi a inestimável bênção de conviver com esse grande santo, por quatro dias, em sua casa perto de Nellore, em Andhra Pradesh, em 1960.

1.19 | Os yogues que morrem sem ter conseguido alcançar o estado superior permanecem presos à *Prakriti* (Natureza), graças à identificação constante do ego com o mundo exterior.

Há dois tipos de yogues: os que lograram seu objetivo e os que ainda se esforçam para isso. A rigor, só os primeiros merecem o nome de yogues, porquanto yoga significa unidade ou união (com Deus). Ainda assim, podemos legitimamente chamar de yogue aquele que está praticando para chegar lá, da mesma forma que não é inadequado prever o sucesso de alguém em um empreendimento qualquer. Nessa linha de raciocínio, a pessoa pode ajudar-se a ser bem-sucedida caso se considere um empresário, mesmo que esteja apenas dando os primeiros passos para ser um. O mesmo pode-se dizer de um artista que por enquanto apenas sonha com sua carreira ou de um alpinista que escala sua primeira montanha.

Todavia, o yogue que não alcançou seu objetivo não pode se considerar ainda bem-sucedido. Talvez tenha conquistado a calma, o desapego, a devoção profunda e outros prêmios no caminho espiritual — mas se o seu ego continua identificado com o mundo exterior, a morte não o isentará da necessidade de voltar à Terra em outro corpo.

1.20 | Quanto aos outros, o estado superior é alcançado por meio da fé (com base na experiência), da força de vontade, da atenção (reter constantemente a percepção da presença de Deus), da unidade condicionada (*sabikalpa samadhi*) e do discernimento.

Para aqueles que alcançam o objetivo, o verdadeiro yoga pode ser conquistado não apenas pela prática das técnicas, mas também pela correta aplicação. A fé, primeira da lista, significa muito mais que crença, qualidade tradicionalmente considerada a marca distintiva do verdadeiro cristão. A crença, por si só, lembra as hipóteses da ciência. O cientista precisa ter uma hipótese antes de fazer experimentos para saber se ela é verdadeira. A crença, na busca espiritual, é importante, pois sem ela ninguém ao menos iniciaria a caminhada. A fé, porém, depende de resultados; quanto mais consistentes forem os resultados, maior será a fé. E, como o êxito, em qualquer empreendimento científico, exige também devoção ao objetivo, quanto maior for a fé, maior será também a devoção (neste caso, ao objetivo da unidade com Deus).

O buscador inseguro jamais encontrará Deus. Obter sucesso na peregrinação divina exige muita força de vontade. E a razão disso é que as provas ao longo do caminho são inúmeras e, não raro, difíceis. Algumas podem ser chamadas de tentações de Satã, a parte inferior da natureza humana que procura arrastar a humanidade para baixo, para a sujeição aos sentidos e à vida mundana. Outras provas são fruto da simples necessidade de eliminar todo o *karma* passado. Quanto mais profunda for a devoção, mais exigentes serão as provas que o devoto terá de enfrentar. E Deus quer saber também se os devotos que O procuram são sinceros.

Para encontrar o divino, a pessoa deve ainda ter sempre em mente a ideia de Deus e seu objetivo espiritual.

A unidade condicionada de *sabikalpa samadhi* é uma condição muitíssimo elevada, porém mais facilmente atingível se, durante a meditação, a pessoa se visualizar cercada por um vasto espaço. Tão logo se sente para meditar, será de grande ajuda para ela contemplar a imensidão do espaço vazio: milhões de quilômetros para baixo, para cima, para a direita e para a esquerda. Não deve mover um só músculo, mas tentar relaxar a ponto de perder a consciência do corpo.

O discernimento é a última "aplicação mental". É fácil nos iludirmos. Podemos, por exemplo, ter visões. São imaginárias ou reais? O correto discernimento nos ajuda a descobrir sua natureza. Uma visão real traz consigo a elevação da consciência, a sensação de bem-aventurança, a clareza de percepção e, quase sempre, uma mudança de vida. Uma visão falsa pode ser bela, mas, se não apura a percepção nem modifica a vida, de nada serve: é apenas uma tentação.

1.21 | Essa conquista (superior) é facilitada pela prática veemente e exclusiva.

Veemente significa "intensa". Exclusiva significa "concentrada" — não permitir que nenhum outro pensamento, por mais interessante que pareça, afaste o yogue de sua meta. Esses dois aspectos dos esforços espirituais oferecem muita dificuldade, quando mais não seja por causa dos hábitos passados e, também, do constante movimento da mente em direção às coisas exteriores.

1.22 | O tempo requerido para o sucesso depende também da intensidade da prática: fraca, média ou forte.

Para a mente moderna, intensidade é o mesmo que tensão. É importante não definir o esforço como tensão física ou mental — o que, em nossos tempos, sobretudo, parece um ensinamento problemático. O esforço fraco é fácil de aceitar, às vezes passivamente; o médio também, até certo ponto. Ambos podem parecer mais importantes que uma conversa de mesa de *bridge*, mas não tanto para merecer a ênfase que as pessoas mundanas consideram fanática. No entanto esses três graus de esforço implicam níveis de profunda sinceridade. O esforço *intenso* exige dedicação total. É preciso buscar Deus do modo que Jesus

Cristo ensinou: "Com todo o seu coração, sua alma, sua mente e sua força". Os diferentes níveis de intensidade começam pelo mais profundo de que a pessoa for capaz na ocasião.

Felizmente, a palavra "também" foi acrescentada à frase: a dedicação total deve vir acompanhada das verdades que aparecem nos aforismos 20 e 21.

◎ ◎ ◎

1.23 | Também por meio da devoção e da entrega incondicional a Deus (este samadhi superior pode ser alcançado).

Meu guru, embora seu caminho fosse o da técnica do Kriya Yoga, salientou a importância da devoção e da entrega. Outro ensinamento que ele fez questão de incutir em seus discípulos diretos foi a sintonia com a consciência do guru — ensinamento que Patanjali, não sei por qual motivo, aparentemente ignorou (mas estou pronto a admitir que talvez não o haja entendido bem nesse ponto). No Evangelho de São João, lemos a respeito de Jesus Cristo: "A todos os que o acolheram, deu o poder de tornarem-se filhos de Deus". Não pode haver nenhuma diferença essencial entre os ensinamentos dos mestres que encontraram Deus, pois todos falam a partir do mesmo nível de consciência. Assim, o mais provável é que me tenha escapado algo nas lições de Patanjali, aliás muito profundas.

Meu guru me disse: "Deus só virá até você no fim da vida. A morte será o último sacrifício que fará". Passei a vida me dedicando aos outros em nome de meu guru. Estou feliz por ter feito isso. Sinto-me cada vez mais abençoado, desprendido, amando sinceramente a humanidade e indiferente a tudo que não seja Deus. Entretanto não me considero plenamente inserido em muitas das categorias ou condições que Patanjali estipulou para a alma evoluída. Por outro lado, lembro-me de um homem, durante meus primeiros tempos na Ananda, que devotava várias horas por dia à meditação. Tudo o que mostrava para o resto de nós era arrogância e uma tendência a recriminar qualquer pessoa pelo mínimo deslize.

Ainda assim, confesso-me um tanto perplexo.

◎ ◎ ◎

1.24 | Ishwara é o Eu Supremo, imune a todas as aflições, ao karma (ação) e as suas consequências, ao apelo dos desejos.

Esse é o estado de consciência do Eu Supremo. Portanto, tentemos manter nossa própria consciência no nível mais alto possível. Quando as aflições se apresentam, devemos aceitá-las e não pensar nelas como algo que possa nos afetar. Aliás, nem devemos considerá-las como aflições.

Quando os golpes do karma nos atingirem, por penosos que forem, não lamentemos, e sim agradeçamos sua influência libertadora. Somos forçados a sofrer as dores das consequências kármicas: uma demissão injusta do emprego; uma falsa acusação perante os tribunais; a mancha imerecida de um opróbrio. Mas aceitemos esses contratempos com alegria, dizendo a Deus, "Nada me abala em Tua bem-aventurança".

Quando os desejos brotarem na mente, pensemos (mesmo que o poder da ilusão nos submeta a eles): "Não sou *eu* quem sente isso. É apenas a força da ilusão agindo por meu intermédio".

Somos filhos de Deus e devemos conduzir nossa vida com essa consciência ainda que estejamos, por enquanto, mergulhados na ilusão. Como meu guru frequentemente dizia, "o pior pecado é considerar-se pecador".

◎ ◎ ◎

1.25 | Nele está plenamente germinada a semente da onisciência.

Todas as coisas — até o átomo infinitesimal — contêm essa semente. A evolução é a manifestação da consciência que se expandiu para reclamar seu lugar de origem na onisciência.

Em um de meus livros, escrito há muitos anos, demonstro que a Teoria da Evolução de Darwin é mecanicista e, portanto, errônea. Aqui, Patanjali explica por quê. A consciência se manifesta em tudo, em toda parte. A sobrevivência dos mais aptos explica bem o que acontece; mas, se um leopardo nasce sem manchas na selva, é inteligente o bastante para procurar um ambiente onde o pelo uniforme não seja uma desvantagem. Se tem o pelo amarelado, pode se transferir para o deserto, onde seus movimentos passarão facilmente despercebidos.

1.26 | Incondicionado pelo tempo, Ele é o Supremo Instrutor até do mestre mais antigo.

Na Índia, respeita-se muito a Antiguidade. Assim, Deus é o Mestre de todos os mestres — não por ser o mais velho, mas pelo fato de Sua existência transcender o próprio tempo.

Como poderia Deus ser condicionado pelo tempo? Para que o universo surgisse, o espaço era necessário. Para que surgisse o tempo, teria de haver movimento no espaço. Mas espaço e tempo são ilusões.

O tempo não pode ser isolado do movimento; o movimento não pode ser isolado do espaço. Portanto o tempo necessário para você encontrar Deus será absolutamente igual ao tempo que você mesmo decidir reservar a essa busca. Não cabe a Deus tomar semelhante decisão; cabe a você! Contudo, você não poderá tomá-la enquanto continuar preso à ilusão do tempo.

Nosso planeta e o sistema solar passam por ciclos de tempo em que as influências galácticas submetem a humanidade a níveis altos e baixos de consciência. Dada a nossa posição no presente ciclo, estamos há pouco mais de cem anos numa era da energia. Hoje, por toda parte se ouve a palavra "energia". À medida que avançarmos nessa era, que durará um total de dois milênios (sem contar os períodos de "ponte" de duzentos anos, antes e depois), poderemos viajar a planetas distantes e, mais importante ainda, ver através da ilusão do espaço.

Na próxima era, que será superior e durará 3 mil anos, descobriremos que o tempo também é uma ilusão. No ciclo descendente de 12 mil anos que precedeu a atual ascensão a uma consciência mais elevada, pelo menos dois sábios escreveram sobre a vida de pessoas que ainda não haviam nascido — muitas delas, na verdade, estão vivendo hoje! Eu mesmo tive acesso a alguns desses textos antigos quando viajei pela Índia. A precisão de suas predições aparentemente impossíveis basta para deixar a mente perplexa.

Mas tempo, espaço e movimento são ilusões. A cor da camisa que você, como indivíduo, vestirá hoje já era conhecida há milhares de anos! Com efeito, o único livre-arbítrio de que dispomos é a decisão de buscar Deus ou evitá-Lo.

◎ ◎ ◎

1.27 | A expressão de Ishwara é o som oculto de AUM.

Várias traduções que consultei chamam AUM de som "místico". Não creio que Patanjali tenha usado esse termo. De fato, a palavra sânscrita *Pranavah*, empregada aqui, significa o som cósmico do universo. Não é místico nem misterioso para aqueles que podem ouvi-lo. É *oculto*, isso sim, para nossos ouvidos físicos.

AUM pode ser ouvido principalmente na meditação. Sua vibração permite que todo o universo se manifeste. Quando o Espírito Supremo, Purusha, decidiu produzir a Criação (conforme dissemos acima), fez com que a tempestade de *maya*, ou ilusão, soprasse sobre a superfície do vasto oceano da consciência. Assim surgiram as ondas da dualidade. Essas ondas — vibrações do vasto oceano — geraram tudo o que existe exteriormente. A ciência declara que a própria matéria não passa de vibração de energia. Os antigos videntes da Índia explicaram que a energia é uma vibração de pensamentos e que estes são apenas vibrações daquilo que chamo de vasto oceano da consciência.

AUM existe em três vibrações distintas — sons, portanto. O primeiro som, conhecido na lenda como o Brahma Criador, é bem alto. O segundo (o Vishnu Preservador da lenda) é um pouco mais baixo. O terceiro (Shiva, o Destruidor) é profundo e dissolvente.

Essas três divindades especiais, Brahma, Vishnu e Shiva, são meras personificações dos três aspectos, ou fases, de AUM. No hinduísmo, as imagens de deuses não são ídolos. São símbolos ou *ideais*. Shiva, como destruidor do universo, pode ser considerado benéfico porque até a morte física também o é: ela liberta a maioria das almas para uma vida mais feliz (embora temporária, pois devem retornar à Terra em novo corpo) no mundo astral.

As encarnações de Vishnu são avatares, manifestações de Deus e uma tentativa divina de preservar o dharma, ou justiça, na Terra.

A primeira vibração de AUM faz com que todas as coisas se manifestem. A segunda as mantém manifestas. A terceira as dissolve, devolvendo-as ao Espírito Supremo.

Isso lembra, de certo modo, o barulho de um carro: primeiro, ao acelerar, ele emite um som relativamente alto; depois, ao atingir a velocidade desejada, emite um ruído constante; e finalmente, ao parar, emite uma espécie de grunhido.

Muitas vezes, em inglês, AUM é escrito como OM, o que é correto, pois essa língua contém poucas vogais puras. O O se pronuncia O-U. (Na verdade, o som se prolonga um pouco mais, equivalendo a E-O-U.) Entretanto, para uma boa aproximação do som de AUM, o O-U basta, com a primeira sílaba pronunciada, não como *o*, mas como *a* em *what*. Em outras línguas, AUM, quando grafado OM, lembra a pronúncia inglesa arredondada de *Tom*.

Em sânscrito, a letra A tem dois sons: como em *what* (*a* breve) e como em *father* (*a* longo). AUM deve ser pronunciado com o *a* breve; *u* como o *o* duplo em *moon* e *m* como normalmente em qualquer língua. Esses três sons representam Brahma, Vishnu e Shiva. Quando são ouvidos (de preferência pelo ouvido direito) na meditação, o primeiro som é alto; o segundo, médio; e o terceiro, baixo.

Portanto o tríplice AUM é cantado primeiro num registro alto (três notas ascendentes), depois médio (duas notas ascendentes) e finalmente baixo (de novo, duas notas ascendentes, lentas).

AUM, ouvido na meditação, lembra um murmúrio persistente e grave, que aumenta de intensidade à medida que a meditação se aprofunda, até sua vibração ecoar por todo o corpo. Ouvir AUM exige uma técnica de yoga avançada, que só um instrutor qualificado pode transmitir pessoalmente.

1.28 | Repeti-lo (verdadeiramente) na meditação profunda (isto é, ouvir AUM e absorver-se nele) revela seu real significado.

Repetir AUM verdadeiramente é repeti-lo não apenas com os lábios e a voz, mas absorver-se no próprio som. Nós o ouvimos primeiro com o ouvido direito, depois com ambos, e finalmente, aos poucos, com o corpo todo. À medida que se absorve nesse som, o devoto vai percebendo gradativamente que seu pequeno corpo é apenas uma leve vibração da grande vibração de AUM, que se expande ao infinito. Ao alcançar a unidade com essa Vibração Cósmica, ele entra no que chamamos de samadhi AUM. Então, passa a ver toda a Criação manifesta como um feixe de vibrações inumeráveis do AUM Cósmico.

A técnica Om nos fornece um dos melhores instrumentos para superar a consciência do ego (o principal obstáculo à iluminação espiritual), pois expande nossa percepção para além dos limites do corpo. Conseguimos isso ouvindo a vibração cósmica de AUM e absorvendo-nos nela.

◎ ◎ ◎

1.29 | Meditando sobre o som interior de AUM, adquire-se o poder de superar todos os obstáculos e de realizar a unidade com o Eu interior.

Paramhansa Yogananda disse: "Quando você está em AUM, nada pode afetá-lo".

O universo inteiro é um sonho de Deus, tornado possível pela manifestação da Vibração Cósmica. Tudo, na Criação, é manifestação de AUM. Quando nos sintonizamos com essa vibração, por mais devastadores que sejam os acontecimentos à nossa volta, estamos protegidos — miraculosamente, diríamos (embora os fatos cósmicos nunca possam ser considerados miraculosos). Quando as bombas atômicas caíram sobre Hiroshima e Nagasaki, duas comunidades espirituais, uma franciscana e a outra jesuíta, nada sofreram, apesar de estarem localizadas no epicentro dessas terríveis calamidades. Não é preciso examinar a fundo a mecânica de tais acontecimentos. A consciência é a *causa* de todos eles e a força motriz por trás de cada mecanismo. Ela pode mudar tudo. Não há nada de espantoso nessa proteção.

Eis por que fico impaciente com a arrogância de muitos cientistas modernos. Seus métodos, além de tudo, são excessivamente comedidos e lentos. O raciocínio é como um carro de bois: sacoleja a cada buraco na estrada e demora a chegar aonde já deveria ter chegado.

Lembro-me de minha irritação quando, ainda jovem, disse alguma coisa sobre a loucura que são os apegos. A pessoa com quem eu conversava replicou cautelosamente: "Não sei, não sei...". Fora educada segundo a abordagem científica, cuidadosa. Tanta timidez filosófica me deixou maluco! Há caminhos baixos, mas também altos. Um avião pode sobrevoar um terreno acidentado e chegar logo ao seu destino, enquanto um carro de bois faz o mesmo percurso em dias, meses ou anos! Assim, a sintonia com Deus e com AUM consegue realizar num momento o que os cientistas às vezes debatem, ponderam e testam durante décadas. Jogar o jogo dos cientistas é cansativo. E eles se levam muito a sério!

Quando uma pessoa se absorve em AUM, o sonho cósmico se adapta às suas necessidades. Pode ser atacada por bandidos: eles, de repente, se distraem com outra coisa ou perdem o interesse na vítima. Pode ser surpreendida por uma tempestade no mar: as ondas não a tragarão. Uma situação dessas realmente ocorreu com o doutor Lewis, o primeiro discípulo de Kriya Yoga de Yogananda na América. Ele estava navegando ao largo de Martha's Vineyard quando se viu em meio a uma tormenta. Lembrou-se então das palavras do guru sobre permanecer em AUM e conseguiu retornar são e salvo ao porto.

Passemos a um tema mais imediatamente prático. Tempos difíceis se aproximam em termos de economia e política, talvez mesmo num nível além do global. (Lembro-me de ouvir meu guru dizer certa vez numa igreja: "Vocês não sabem que cataclismo *terrível* está por vir!". Mas acrescentou: "Quem ama a Deus estará protegido".)

Não pense que a única realidade deste mundo é a catástrofe. Quando sua consciência é correta e, sobretudo, quando você está ancorado em AUM, nada sai errado.

1.30 | Doença, morosidade, dúvida, negligência, preguiça, sensualidade, falsa percepção, dispersão, instabilidade e apostasia: eis os obstáculos.

Se vislumbrarmos todos esses obstáculos com um olhar, veremos que todos, exceto o primeiro, se relacionam com a fraqueza da mente. Mas mesmo a doença prejudica o meditador, sobretudo no nível mental. Examinemos esses obstáculos um por um.

A doença, como eu disse, não é apenas física, mas também mental. Se a pessoa respira com dificuldade, no entanto, é claro que não conseguirá praticar exercícios respiratórios tão bem quanto gostaria. Contudo, a dor de doença, a fraqueza que provoca e o mal-estar que inflige à mente — todas essas distrações dificultam a meditação ou mesmo a serenidade mental. Por isso é importante que o yogue se mantenha saudável e em forma.

Vários buscadores espirituais, porém, reservam um excesso de energia à saúde de seu corpo físico. O corpo é bem menos importante que o desenvolvimento da atitude correta e a necessidade de ter presente sobretudo a ideia de Deus.

Além disso, há o fato bem simples de que doenças de todos os tipos podem ser um meio de nos ajudar a suprimir nosso karma passado. Aqueles que buscam Deus sinceramente costumam passar por essas provas físicas com bastante frequência. A grande santa muçulmana Rabiah costumava dizer: "Quem não se esquece de seu sofrimento na contemplação do Divino Amado não O ama verdadeiramente".

A morosidade, sem dúvida, é primariamente (se não inteiramente) mental, uma qualidade de *tamas*. O mesmo se pode dizer de quase todos os outros obstáculos. Que deve fazer a pessoa realmente morosa? Ela não sente vontade alguma de superar a própria morosidade. Para uma pessoa assim, o melhor é trabalhar com alguém que tenha mais energia. Porém é preciso lembrar que a morosidade temporária, vez ou outra, afeta a maioria das pessoas. E pode ser superada pela força de vontade.

Há muitos anos, eu mesmo fui alvo de uma crise, não exatamente de morosidade, mas de rebeldia. Recusei-me a meditar. Fiquei estendido na cama lendo Shakespeare — fruindo, quase sensualmente, o fluxo de palavras! Isso pode não parecer tão ruim assim; o problema era o espírito com que eu lia. Ainda me lembro daquela noite com um pouco de saudade! Ninguém pode trabalhar duro o tempo todo. Uma breve recaída na morosidade não é necessariamente um mal, desde que se saiba desde o início que ela não durará muito. Portanto, se a sua mente ficar um pouco lenta, encare isso como uma recaída passageira. No entanto, se a crise persistir, decida-se desde logo a procurar uma companhia mais positiva, mais enérgica. Não ceda ao que pode ser uma doença espiritual. Mobilize sua força de vontade para fazer um esforço vigoroso durante ao menos alguns minutos de cada vez, até se sentir saindo desse lodaçal. Já vi vários devotos se deixarem afundar a tal ponto na preguiça que acabaram voltando de vez para a consciência mundana.

A dúvida é um dos piores obstáculos. Como diz Sri Krishna no Bhagavad Gita, "o cético é o mais infeliz dos mortais".

A dúvida é positiva quando a usamos para determinar a verdade de alguma coisa. Porém a essa prática deveríamos chamar, antes, questionamento. Se não questionarmos uma verdade, como teremos certeza de que a compreendemos? Nesse ponto, devo concordar com o método científico. Eu próprio questionei meu guru em inúmeros assuntos e acho que isso aprofundou minha compreensão de seus ensinamentos.

A dúvida como obstáculo espiritual consiste, pois, em presumir desde o começo que um ensinamento é errado. Eis aí um mau hábito, uma tendência mental que impede a pessoa de se dedicar de corpo e alma a uma tarefa. A cura para esse tipo de dúvida é o amor. Durante algum tempo, duvidei de meu guru. Foi o amor por ele que me arrancou desse vale de sombras.

A negligência — obstáculo seguinte — é a falta de atenção àquilo que se está fazendo. Esse hábito mental pode ser curado se a pessoa encontrar um assunto que lhe desperte um interesse especial e dedicar-se intensamente a ele enquanto o interesse durar. Em seguida, fará o mesmo com outro assunto – e assim sucessivamente, um assunto de cada vez.

A preguiça (quando não é apenas tamásica, caso em que não pode ser corretamente chamada de obstáculo, pois a pessoa sequer deseja se livrar dela) é a inércia que impede qualquer tentativa de progresso. Acordamos de manhã e pensamos, "Ah, vou ficar aqui mais um pouco e depois me levantarei para meditar". Ou então "Seria bom eu me disciplinar. Amanhã começarei!" Para suprimir essa má tendência, devemos convocar nossa força de vontade e gritar (bem alto, se necessário): "Não! Começarei agora mesmo!". Isso só exige um pouco de esforço. Aos poucos, vamos saindo resolutamente desse buraco que ameaçava ficar cada vez mais fundo.

A sensualidade (obstáculo seguinte) é, segundo Yogananda, "a maior das ilusões". Pense no mau humor e na infelicidade que se seguem ao prazer físico. Você insulta sua alma se acredita que a felicidade depende da sensação de ser tocado no corpo. Você não é esse corpo! A sensualidade nos debilita física e mentalmente. Priva-nos de uma sensibilidade mais refinada. Assim como as pessoas às vezes riem para esconder seus sentimentos de culpa, o riso diante de qualquer acusação de sensualidade é uma prova de culpa por indulgência. A maneira de vencer a sensualidade é afirmar resolutamente a independência de todos os imperativos do corpo. Mesmo quando coagido por hábitos passados a sucumbir ao apelo sensual, diga a si mesmo, "Não cederei a esse exercício de futilidade". Não diga, depois de ceder, "Falhei", mas, antes, "Ainda não consegui".

O próximo obstáculo é a falsa percepção, uma fraqueza bem mais comum do que se imagina. Uma pessoa medita muitas horas por dia e alguém lhe diz, "Você não está cumprindo seu dever". Mas o *verdadeiro* dever dela não é procurar Deus? Uma pessoa se dirige a alguém com desnecessária rispidez e, quando a censuram, sai-se com esta: "Ora, temos de ser sinceros!". O melhor instrumento para superar a falsa percepção é a sinceridade absoluta para consigo mesmo. No primeiro caso, você pode realmente estar fugindo a seus deveres por preguiça; então, deverá trabalhar mais e meditar menos. No segundo, esquece-se de que a verdadeira sinceridade consiste na gentileza para com os outros.

A dispersão é o obstáculo seguinte. Significa permitir que problemas momentâneos nos façam esquecer o motivo de termos tomado o caminho espiritual. Um colega de trabalho, por exemplo, "perde as estribeiras": em vez de permanecer focado e tranquilo, irrita-se. Alguém propõe um negócio que, com toda a certeza, nos trará grandes lucros financeiros e nós o aceitamos impulsivamente. Não há nada de errado em lucrar, quando se quer; mas a palavra *impulsivamente* oferece riscos para o devoto. Dispersar-se é esquecer o como e o porquê da busca de Deus.

A instabilidade representa uma ameaça à calma que todos devem conservar no caminho espiritual. É boa prática, para o devoto, cultivá-la. Imagine a pior calamidade que possa lhe acontecer e, mentalmente, aceite-a com um sorriso nos lábios. Imagine a melhor coisa que possa lhe acontecer e diga a si mesmo: "Tudo nasce da dualidade. A sorte de hoje resultará infalivelmente no azar de amanhã. Se isso não acontecer amanhã, acontecerá daqui a uma semana, um mês... Mas acontecerá, cedo ou tarde. Não me identificarei nem com o bem nem com o mal".

A apostasia ocorre quando a devoção diminui. Se você se sentir tentado a retornar ao antigo modo de vida, pense bem nos motivos que o levaram a encetar o caminho espiritual. O mundo não estará melhor quando você regressar a ele. E você sentirá saudades do que abandonou: a paz da meditação; a alegria de buscar a única verdade que existe; o companheirismo dos amigos, homens e mulheres cheios de ideais nobres e edificantes.

◎ ◎ ◎

1.31 | Juntamente com os obstáculos surgem o mau humor, o desespero, a agitação nervosa e a respiração entrecortada.

O mau humor é fruto da indulgência sensual no passado. Não se pode bani-lo com a razão. É uma tentação de Satã. Tem certo magnetismo, fazendo com que as pessoas mal-humoradas cheguem a gostar de ser assim. No entanto, só lhes traz infelicidade. Vem de dentro e pode não ter nenhuma causa externa. O mau humor depende do lugar em que a energia tem seu centro na coluna.

Não quer dizer que, quando a energia se concentra na porção baixa da coluna, a pessoa vá ser necessariamente mal-humorada. Pode muito bem ser irrequieta, libertina ou avarenta. Porém, todos esses sentimentos são humores de certo tipo, embora não induzam à depressão que associamos ao termo "mau humor". A melhor solução para os humores irracionais, sombrios, é modificar o nível de consciência. Concentre-se profundamente no ponto entre as sobrancelhas. Mesmo uns poucos minutos dessa prática bastam para melhorar o humor.

O desespero se deve, quase sempre, a algum infortúnio vindo de fora. Podemos de repente perder o emprego, a fortuna ou qualquer coisa que considerávamos importante em nossa vida. Não é raro, em tais circunstâncias, que algumas pessoas cometam suicídio. Essa tragédia final supera todas as demais. Aqueles que recorrem à "saída" de suicidar-se enfrentam a necessidade de padecer a mesma tragédia outra vez, com o fardo extra de já se verem no papel de fracassados. Precisam de inúmeras encarnações para sair desse buraco.

A saída para o desespero é reconhecer que todos têm a chama divina ardendo dentro de si. Saiba que ninguém pode ser destruído completamente. A morte, quando natural, é um alívio. A pessoa às vezes tem de arcar com uma pesada carga de karma passado; talvez seu erro fosse chacinar pessoas num campo de concentração nazista; talvez, como corretor de títulos, haja levado milhares à falência. Mesmo assim, em seu centro, permanecerá para sempre o Atman imutável, o Eu divino. A centelha da divindade dentro dela a induzirá a *querer* corrigir esses erros e a tornará grata pela chance de resgatar o karma passado, tão lenta ou rapidamente quanto possível. Até sob o maior dos desesperos brota — por mais estranho que pareça! — certa gratidão: a certeza de que há uma dívida a pagar e de que agora se fez algo capaz, pelo menos, de expiar os desmandos outrora cometidos.

Ajuda muito saber que a reencarnação é uma realidade universal. No entanto, mesmo sem ela, a alma conhece as necessidades da pessoa e se sente agradecida por cada passo que ela dá para se afastar da ilusão.

Danação eterna é coisa que não existe. Também não existem o fracasso eterno e a tragédia irremediável. Mesmo que você tenha de morrer de fome, a própria vida o alçará a um futuro brilhante.

A agitação nervosa traz tensão física, inquietude, câimbras musculares e dores por todo o corpo. Esses contratempos podem ser aliviados ou eliminados pelo relaxamento profundo.

A respiração entrecortada é geralmente um indício de sofrimento mental, embora, é claro, tenha também origens físicas. Medo, ansiedade, esperanças absurdas — eis as principais causas da respiração entrecortada. Fique sempre calmo no íntimo, não importa o que lhe aconteça. Não permita que nada afete sua serenidade mental.

◎ ◎ ◎

1.32 | A prática da concentração total é a melhor maneira de superar tanto os obstáculos quanto (as perturbações físicas e mentais) que os acompanham.

A concentração total no centro espiritual localizado entre as sobrancelhas, sede da supraconsciência, faz com que as ilusões e imperfeições se desvaneçam antes da aurora da percepção absoluta.

A sede da consciência do ego é a *medulla oblongata*, situada na base do crânio. Por isso, as pessoas orgulhosas costumam inclinar a cabeça para trás e olhar o mundo de cima (a expressão italiana é *"guardare sotto il naso"* [olhar para baixo do nariz]). Quanto mais evoluído é o ser humano, mais o seu centro de percepção se desloca para a frente do cérebro: o santo iluminado vive com base no ponto entre as sobrancelhas, que é onde se localiza o olho espiritual. Esse olho, visto na meditação, é de fato o reflexo da energia que penetra no corpo pela *medulla oblongata*. Tem a forma de um círculo dourado, com um campo de luz azul-escura dentro e, no centro, uma estrela de cinco pontas prateada.

O círculo dourado representa a luz do universo astral. A luz azul-escura, na parte interna, simboliza o universo causal. E a estrela de cinco pontas prateada, no centro, é a imagem do Espírito Supremo que está além da Criação. Se você for abençoado o bastante para enxergar o olho espiritual, ponha toda a sua atenção na estrela.

Há muitos anos, na Itália, fomos a uma fábrica de vidro em Murano para encomendar uma imitação do olho espiritual a ser instalada no templo de nossa comunidade perto de Assis. Depois que descrevemos o olho espiritual para o artífice, ele exclamou emocionado: "Pois é justamente *isso* que vejo quando rezo com fervor!". Eis aí uma verdade universal, não uma imagem subjetiva.

Certa vez, eu estava no retiro de meu guru no deserto. Almoçávamos ao ar livre quando um cachorro que pertencia a um vizinho se aproximou e pôs-se a fitar nossa mesa com olhos famintos. Yogananda nos disse: "Vejam esse cachorro. Está tão ansioso para abocanhar um pouco de comida que, de tanto se concentrar no olho espiritual, contraiu as sobrancelhas!". O mestre, obviamente, não quis dizer que o cachorro *via* o olho espiritual. Mas se concentrava no ponto onde, para os devotos, esse olho inevitavelmente se manifestará, cedo ou tarde.

Todas as ilusões começam e têm seu centro na consciência do ego. O pensamento "eu gosto de torta de maçã" forma um vórtice em torno do termo "eu" para, em seguida, estabelecer-se num ponto da coluna onde o termo "torta de maçã" aguarda concretização — do outro lado do estômago. Existem muitos desses vórtices, ou *vrittis*, ao longo da coluna. Alguém pensará, "Como pode uma coluna conter tantos *vrittis*?" Na verdade, de todas as coisas do universo, da maior à menor, o corpo humano é mais ou menos mediano em tamanho. O espaço, na dimensão terrena, não tem nada a ver com essas energias. São esses incontáveis *vrittis* de energia consciente que impedem a energia da pessoa de subir em completa concentração para o olho espiritual. Por isso Jesus disse que devemos amar a Deus não apenas com todo o nosso coração e toda a nossa vontade, mas também com toda a nossa *força*.

Existem várias correlações entre os ensinamentos de yoga ministrados por Krishna (e os mestres da antiga Índia, incluindo, é claro, Patanjali) e as lições do Novo Testamento da Bíblia cristã. Por exemplo, a estrela que os magos viram "no Oriente" era a do olho espiritual. E viram-na no Oriente porque, segundo a antiga sabedoria, "Oriente" é a fronte. (*Kedem*, a palavra hebraica, significa "aquilo que está antes".) A Bíblia relata que os magos viram a estrela no Oriente e seguiram-na. No entanto, dirigiram-se para o *oeste*! Eis a prova de que a estrela por eles vista era a do olho espiritual. O que essa história diz claramente às pessoas capazes de compreender é que o próprio Deus, como avatar, encarnou no corpo do pequeno Jesus.

Falei anteriormente de "ilusões e imperfeições". Ilusões são aqueles pensamentos que nos induzem a esperar realização no mundo exterior. Se a energia flui para fora da coluna, não pode fluir para dentro ou para cima, na direção do ponto entre as sobrancelhas. E justamente atrás dele, no lobo frontal do cérebro, está o centro da supraconsciência no corpo.

Quanto mais nos concentramos nesse centro, mais nos sentimos atraídos para ele, rumo ao estado de ausência do ego e à liberação dos *vrittis* que envolvem o ego na coluna.

1.33 | O cultivo da afabilidade para com os felizes, da compaixão pelos desgraçados, do deleite na companhia dos virtuosos e do desdém pelos maus faz com que os *vrittis* (vórtices de apego e desejo) se dissolvam na serenidade imperturbável.

Todos, neste mundo, almejam a felicidade. Não há nenhum homem vivo que queira ser infeliz — embora o humor possa, temporariamente, provocar estranhas mudanças na cabeça das pessoas! A ânsia de felicidade existe porque todos os seres são projeções da consciência de Deus, eterna, sempre lúcida e sempre bem-aventurada (Satchidananda). Em nossa alma, queremos retornar a essa bem-aventurança, que é nossa natureza original. As atitudes corretas nos ajudam a dirigir todas as nossas energias e todos os nossos pensamentos para Deus. De fato, não precisamos pedir a Ele que nos dê Sua graça: esta já está conosco, fluindo em nós sempre que agimos corretamente.

A graça divina é como a luz do sol projetada na parede de um edifício. Não precisamos convidá-la a vir, basta-nos abrir as cortinas dos cômodos de nossa consciência!

Patanjali enumera aqui as atitudes imprescindíveis que o devoto deve assumir para que a bênção flua conscientemente por seu ser.

Há alguns anos, em Florença, na Itália, tive um sonho no qual uma multidão desfilava à minha frente pelas ruas da cidade: negociantes avarentos, mafiosos, pessoas dotadas de consciência mundana comum e santos. Pensei: "Toda essa gente quer o que eu também quero, ser feliz! Cada qual tenta conquistá-la à sua maneira, mas nossa ânsia universal de felicidade constitui um vínculo inquebrantável que nos une a todos!".

Desde então, passei a ver em qualquer pessoa, em qualquer lugar, um irmão ou uma irmã. Quase sempre sorrio para estranhos. Melhor ainda, percebo que ilustres desconhecidos sorriem para mim, às vezes antes mesmo que eu sorria para eles! Essa atitude afável (mais fácil de assumir quando as outras pessoas também são felizes) é essencial para todos que querem sentir a graça de Deus em seu coração. A cólera surge quando desejamos que coisas, circunstâncias ou pessoas sejam diferentes do que são. O ódio, quando frustramos as vontades de nossos semelhantes. O ciúme, quando achamos que alguém nos deve mais do que dá. A antipatia, quando nossos gostos se tornam muito estreitamente definidos. O desdém, quando sentimos orgulho de nossas autodefinições. Essas e muitas outras atitudes nascidas do ego são dissipadas pela afabilidade sincera, que começa com uma postura amistosa para com aqueles cujo coração transferem sua felicidade aos semelhantes.

Compadecer-se dos infelizes significa entrar em sintonia, a partir de um nível mais elevado, com a infelicidade deles — sentir, com os desventurados, os motivos de sua desventura, sem sermos afetados por ela.

Deleitar-se na companhia dos virtuosos quer dizer, primordialmente, fruir a virtude tal qual nós mesmos a experimentamos. Esse deleite sobrevém, quase sempre, após a vivência da virtude. Há um ditado nas antigas escrituras: "Um instante de convívio com um santo será nossa jangada para atravessarmos o oceano da ilusão". O deleite que sentimos na presença de uma pessoa mais virtuosa que nós é um desejo de perfeição, uma ânsia da alma: "Espero um dia ser assim!".

O desdém pelos maus é importante porque, embora devamos amar a todos como manifestações de Deus, cumpre reconhecer que o bem e o mal têm seu próprio tipo de magnetismo. Devemos, é certo, amar a todos, inclusive os maus, mas a estes não concretamente, por assim dizer, e sim mais abstratamente, com o coração um pouco distanciado. Fazer o que São Francisco fez, converter três criminosos com seu amor, exige muita força espiritual.

O magnetismo é uma espécie de energia que emitimos, da mesma forma que correntes elétricas geram um campo magnético em volta de um fio. Devemos evitar a companhia de pessoas cuja consciência se aloja numa parte da coluna mais baixa que a nossa. Muitas delas exercem pouquíssima influência, mas há aquelas cuja energia, isto é, o magnetismo, tem forte inclinação para o mal. Conviver com essas pessoas pode pôr você em risco espiritualmente. Evite, sobretudo, olhá-las nos olhos, pois é aí que a troca de magnetismo se faz de maneira especialmente intensa. Quando estiver no meio de uma multidão ou comendo em lugares carregados de vibrações heterogêneas, cerque-se de uma equipe de guarda-costas espirituais: amigos evoluídos cuja companhia você acha edificante.

Mencionei lugares onde se come porque, quando comemos, nossa energia se volta para a *absorção* de vibrações. Tente, pois, só se alimentar em lugares harmoniosos e tranquilos.

Se tomar as precauções citadas, você achará mais fácil permanecer calmamente concentrado em si mesmo e, portanto, "neutralizar os vórtices de sentimento em seu coração".

Contudo eu gostaria de mencionar outro pensamento que tem sido muito útil para mim ao longo dos anos. Levei uma vida muito atarefada e sei que os tempos modernos forçam as pessoas a produzir, produzir, produzir cada vez mais! Minha norma de conduta sempre foi: nunca me permitir fazer nada que possa afetar negativamente minha paz interior.

◎ ◎ ◎

1.34 | Os *vrittis* (apegos e desejos) também podem ser neutralizados se controlarmos e retivermos a expiração.

A ausência de respiração (condição necessária para meditarmos profundamente) ocorre após a expiração.* Muitas pessoas julgam que *prana* significa "respiração", mas isso se dá apenas porque a tradição yogue teve de ser transmitida durante Kali Yuga, uma idade de trevas que durou 2.400 anos (1.200 ascendentes; 1.200 descendentes). A humanidade emergiu parcialmente dessa era sombria só em 1.700 d.C. e completamente só em 1.900 d.C. Durante esses 2.400 anos, o homem se esqueceu de que a energia é a realidade por trás da matéria e de que a matéria se compõe de vibrações de energia. Por isso, as pessoas não entendiam que os movimentos de energia nos canais nervosos *ida* e *pingala*, ou *nadis*, estão relacionados à respiração — e tomavam a respiração pela realidade.

Acontece que, quando inspiramos, a energia sobe pelo canal nervoso *ida* da coluna, começando e terminando no lado esquerdo. Na verdade, esse fluxo ascendente de energia é que *provoca* a inspiração física. O recém-nascido precisa inspirar antes de emitir seu primeiro choro. Quando excitadas, contentes ou alegres, as pessoas inspiram. Quando tristes ou desapontadas, elas suspiram. E quando morrem, o fluxo descendente de energia pelo *pingala*, o canal nervoso localizado no lado direito da coluna, provoca seu derradeiro ato físico: uma longa expiração. (Podem-se ver, no peixe, esses dois canais nervosos ladeando a coluna.)

Pranayama, considerado em geral "controle da respiração", significa na verdade "controle da energia". Como os movimentos para cima e para baixo da energia na coluna estão estreitamente relacionados ao ato de respirar, a expressão "controle da respiração" é aceitável. Entretanto, neste sutra, entenderemos melhor o uso que Patanjali faz da palavra se levarmos em conta que, quando a energia descendente penetra profundamente no interior da coluna (no *sushumna*), a energia ascendente aciona a *Kundalini* (o polo negativo do corpo, oposto

---

* "Meu corpo se imobilizou; o ar era extraído de meus pulmões como se fosse atraído por um ímã fortíssimo." *Autobiografia de um Iogue*, capítulo 14, "Uma Experiência em Consciência Cósmica".

ao polo positivo situado no alto da cabeça). Subindo pelos cinco *chakras* ou centros nervosos da coluna, vai interiorizando a energia em cada um deles, levando finalmente à iluminação espiritual.

Kundalini é descrita como o poder da serpente. Quando a eletricidade é introduzida num fio de cobre, gera uma força espiralada de magnetismo à sua volta. Assim também Kundalini, ao subir pela coluna, muitas vezes faz com que o corpo exterior gire violentamente. Outras vezes, provoca nele apenas um balanço suave para a frente e para trás. O *davnen*, oração que os judeus fazem executando esse movimento, não passa de uma tentativa, transmitida de geração a geração, de imitar o fluxo de Kundalini. É um esforço para induzir, a partir de fora, os efeitos da devoção que acompanham a subida da energia pela coluna.

Depois que o ar é expelido, a verdadeira meditação se torna possível.

1.35 | De outro modo, a concentração em percepções sensoriais sutis pode provocar o embotamento da mente.

Na realidade, temos dez sentidos, e não cinco. Há os sentidos externos da audição, visão, do olfato, paladar e tato; e há o *poder* interno da audição, visão, do olfato, paladar e tato. Concentrando-nos na luz interior, por exemplo, que aparece na fronte durante a meditação, mergulhamos numa calma profunda. E concentrando-nos nos sons interiores, que aparecem principalmente no ouvido *direito*, vamos além do corpo e tornamo-nos uma realidade suprafísica.

Não enfatizo o ouvido direito simplesmente porque esse é um ensinamento da tradição, mas também porque os fisiologistas modernos descobriram um ponto no cérebro, logo acima desse ouvido, que provoca experiências psíquicas quando estimulado.

Esses sentidos sutis pertencem aos corpos astrais, que se tornam ativos depois de retirados os "invólucros" físicos.

Podemos nos concentrar ainda nos sentidos sutis do olfato e do paladar. Meu guru disse certa vez, "Deus pode vir até vocês na forma de milhares de sabores maravilhosos, fundidos num só". Confesso que essas palavras foram um grande estímulo para a minha devoção! Entretanto, penso que o olfato e o paladar, menos relacionados à consciência, provavelmente não nos levam muito longe!

O sentido interior do tato provém de *sentirmos* nossa presença no espaço. No corpo físico, porém, o estímulo do tato leva ao desejo sexual e provoca, portanto, o apego ao corpo.

1.36 | Por outro lado, (a serenidade mental nasce) da concentração na luz interior, suprema e eternamente bem-aventurada.

Já analisei essa forma de concentração no sutra anterior. Nossa separação do Espírito começa pelo movimento executado, digamos assim, na superfície do oceano da Consciência Divina. Tudo o que somos como manifestações da Criação é um produto de AUM, a Vibração Cósmica. Porém, as manifestações primárias de AUM são a luz sutil e o som sutil.

Algumas pessoas alegam que vemos essa luz interior quando nos concentramos na ponta do nariz. É um equívoco. Sri Krishna, no Bhagavad Gita, sugere a Arjuna concentrar-se no *nasikagram*. A palavra *agram* tem várias acepções um tanto ambíguas: "antes", "primeiro", "frente". *Nasigram* quer dizer "no *agram* do nariz". Para alguns eruditos, significa "na *ponta* do nariz". Meu param-guru, Swami Sri Yukteswar, disse a seu discípulo Yogananda: "As práticas de yoga já são estranhas o suficiente; não precisam deixar ninguém caolho!". O Bhagavad Gita, explicou ele, recomenda a concentração no ponto entre as sobrancelhas, atrás do qual, no cérebro, se localiza a supraconsciência.

Um mestre espiritual tentou certa vez me convencer de que Sri Yukteswar estava errado ao afirmar que *agram* significa a base do nariz. Disse ele: "Significa 'frente'. A frente do nariz está na base ou na ponta?". E prosseguiu perguntando (como os indianos costumam fazer durante uma discussão): "Isto, isto, isto (dedos das mãos, pênis, dedos dos pés) está na frente de seu corpo ou na base?". Bem, não conheço o sânscrito, mas tenho plena confiança na sabedoria de meus gurus. Acho também que "frente", em qualquer língua, pode muito bem significar "primeiro" ou "começo", portanto "base". Recorri então a um dicionário de sânscrito e constatei que *agram*, de fato, tem essas acepções adicionais. Confrontei o tal mestre com meus achados e ele acabou reconhecendo que a palavra podia mesmo ser entendida daquela maneira. Em seguida, perguntei-me: "Por que esse homem tentou me fazer duvidar de meus próprios gurus insistindo em afirmar que eles estavam errados e dando-me informações que eu não estava à altura de discutir? Farei de conta que nunca o encontrei e não quero encontrá-lo de novo!".

Nasikagram significa, pois, "a base do nariz". Já expliquei detalhadamente por que devemos nos concentrar nesse ponto.

◉ ◉ ◉

1.37 | E também pela sintonia com a mente de um ser iluminado, completamente livre de apegos aos sentidos.

Há um ditado nas escrituras antigas: "Um instante de convívio com um verdadeiro santo será nossa jangada para atravessarmos o oceano da ilusão".

Na presença de um ser iluminado, não se preocupe com sua personalidade exterior. Procure sintonizar-se com sua consciência e suas vibrações interiores.

No início do Evangelho de São João, lemos: "A todos os que o acolheram, deu o poder de tornarem-se filhos de Deus".

Yogananda sempre salientou para nós, seus discípulos, a importância da sintonia com o guru. Um verso notável em seu grande poema, "Samadhi", ensina: "A meditação profunda, longa, sequiosa e propiciada pelo guru traz o samadhi celestial". Estranhamente, a responsável por uma nova edição da autobiografia de Yogananda omitiu esse verso. Quando a interroguei sobre o assunto, ela me deu uma desculpa qualquer sobre problemas com a datilografia. Reintegrei-o, e a muitos outros versos, na edição da Crystal Clarity Publishers, que é uma reimpressão da primeira edição de *Autobiografia de um Iogue*.

Um santo muito conhecido da Índia tentou certa vez me convencer a ser seu discípulo. Insistiu: "Seu próprio guru lhe disse 'Não sou seu guru'". De fato, Yogananda sempre repetia que só Deus é guru. Todos nós agimos como instrumentos. Se nós fazemos o mal, tornamo-nos instrumentos de Satã. Se nós mostramos ternura e generosidade para com nossos semelhantes, tornamo-nos instrumentos da graça divina. O verdadeiro guru vai muito além da consciência do ego. Como meu mestre costumava dizer, "Matei Yogananda há muito tempo [isto é, em vidas passadas]. Agora, neste templo, só Deus reside". O desejo do santo de ter-me por discípulo revelava que ainda estava fortemente preso à consciência do ego.

O mais importante na senda espiritual é ter um guru autêntico. Se você ainda não o encontrou, passe em revista todos os mestres espirituais que conhece até achar aquele que lhe convém. Em última análise, porém, essa decisão cabe a Deus. É Ele quem envia seu guru a você; é Ele quem envia você ao seu guru. Tive a sorte de encontrar o meu na primeira tentativa, mas, na verdade, tudo depende da boa disposição do discípulo. Eu talvez estivesse mais que disposto a isso; todavia, quando o desejo de Deus se torna intenso, o guru aparece mesmo que a pessoa seja um pastor vivendo numa paragem remota dos Alpes.

Para se sintonizar com a consciência de seu guru, concentre-se em seus olhos, principalmente no ponto entre as sobrancelhas. Peça-lhe com sinceridade, "Apresente-me a Deus" e aguarde a resposta, procurando sentir a presença dele em seu coração.

É *só* pelo poder do guru que você conseguirá superar a consciência do ego. O homem, sem a ajuda de um mestre, não é capaz de escapar desse lodaçal porque a consciência com que tenta fazer isso já está infectada pela doença do ego. Meu guru, para ilustrar esse ponto, deu-me o exemplo, tirado das antigas escrituras, de um homem assoberbado por um demônio. Lera que, se a pessoa cantasse um certo *mantra* sobre um punhado de pó e depois atirasse o pó sobre o demônio, este desapareceria. Pôs em prática o que lera, mas o demônio apenas riu. "Antes de você cantarolar seu mantra, eu já havia entrado no pó. Como, então, ele me afetaria?" Esse demônio é o ego. Nenhum ritual, nenhum estudo das escrituras, nenhum esforço pessoal pode nos livrar da doença do egoísmo. Somente pela sintonia com alguém que venceu completamente seu próprio ego é que podemos absorver a liberdade da alma.

Por isso Swami Shankara, o *adi* ou primeiro, declarou que não há, nos três mundos, bênção comparável à de um guru autêntico.

Mas como identificá-lo? Em primeiro lugar, ele não mostra desejo algum de ter discípulos. Muitos santos que encontramos podem sê-lo realmente, mas não a esse ponto. Ao ouvi-los, ainda podemos perceber seu ego se eriçando como rebarbas por todos os lados.

◎ ◎ ◎

1.38 | (A calma nasce) também da concentração em algum vislumbre obtido em sonhos ou durante um sono profundo.

Patanjali, é claro, não apresenta essas alternativas numa sequência crescente de importância. Sonhos e visões podem de fato, até certo ponto, nos ajudar e orientar ou mesmo resolver dificuldades sérias em nossa vida. Mas de modo algum substituem, por exemplo, um guru autêntico.

De que modo a pessoa saberá que seu sonho foi verdadeiro? A maioria dos sonhos, obviamente, não passa de uma miscelânea de emoções, lembranças e impressões pessoais. Não se deve levá-los a sério. O sonho verdadeiro sempre tem alguma clareza e vem acompanhado por calma, não por ondas de emoção. A atitude da pessoa, ao longo de todo o sonho, é não apenas serena, mas serenamente objetiva.

Lembro-me de um que tive há muitos anos. Eu e todos os meus conhecidos vivíamos numa câmara de torturas. Nenhum de nós jamais conhecera outro modo de vida. Acordávamos, éramos torturados e íamos dormir, preparando-nos para outro dia de sofrimento. Havia maus dias, é claro, mas também bons, quando a tortura era mais branda que o usual.

Depois de algum tempo, alguns de nós conseguimos nos comunicar, questionando se aquela era a melhor maneira de viver. Um belo dia, levantamo-nos, matamos os algozes e escapamos. Para nossa surpresa, a câmara de torturas era apenas um recinto no último andar de um edifício alto. O resto estava vazio! (A partir desse fato, mais tarde, compreendi que nossos "torturadores" só existem na mente.) Quando saímos do prédio, só vimos uma paisagem vazia até o horizonte, em todas as direções. Olhamos para cima e, surpresos, avistamos os mesmos torturadores executando calmamente seu ofício de atormentar pessoas.

Alguém me perguntou: "Como pode ser isso?".

"Agora compreendo!", exclamei. "Vencemos a nós mesmos, não aos torturadores!" Então, acordei.

O significado desse sonho é certamente tão claro a qualquer leitor que não preciso explicá-lo. Mas devo acrescentar que ele me proporcionou um grande senso de calma, liberdade e lucidez.

◎ ◎ ◎

1.39 | E também meditando em tudo o que chegar à consciência.

O ponto principal aqui é a conveniência de nos cercarmos de coisas que nos inspirem. Há ricaços que gostam de viver em meio a objetos de arte requintados — não porque esses objetos sejam inspiradores, mas sim caros, permitindo ao dono gabar-se de tê-los adquirido. Algumas pinturas de Pablo Picasso, por exemplo, mostram a esquizofrenia, mas mesmo assim muita gente as cobiça porque custam muito e Picasso é famoso.

Nosso critério deve ser: "Isto me inspira?" e "Isto me induz a refletir mais profundamente sobre qualidades divinas como amor desprendido, sabedoria, cultivo da verdade e bem-aventurança?".

Mesmo os quadros bonitos de flores e montanhas, embora agradem ao olhar, podem suscitar em nós o pensamento, "Este é um mundo maravilhoso para se viver!" Nesse caso, não ajudarão em nada espiritualmente, ainda que descansem os olhos e a mente.

Não é fácil sugerir quadros realmente inspiradores. Convém colocar *alguma coisa* nas paredes. Pinturas de Cristo sofrendo na cruz podem ser apropriadas numa igreja, mas não na sala de visitas. Eu poderia — e gostaria — de me estender mais sobre esse assunto, pois, como tenho inclinações artísticas, ele me interessa muito. Mas acho que já disse o suficiente. Não mantenha à sua volta nada que o deprima; nada que sugira sensualidade, embriaguez ou envolvimento sensual;

nada que mostre ou relembre emoções ou atitudes prejudiciais — imagens de pessoas coléricas, por exemplo, ainda que executadas com a maior habilidade. Porém, cerque-se de cores, sons e — mais importante que tudo — pensamentos e sentimentos harmoniosos.

Hoje, nos espaços públicos, é triste constatar como, muitas vezes, somos obrigados a ouvir cacofonias: músicas deprimentes ou neurotizantes, ritmos desordenados, harmonias distorcidas. Às vezes, chego a exultar por não ouvir direito! Sugiro que, nessas ocasiões, se peça à gerência para tocar alguma coisa mais edificante. A música, entre todas as formas de arte, é a que mais afeta o sistema nervoso.

Algumas músicas exercem realmente influência satânica. Li certa vez o livro de uma mulher (seu nome agora me escapa) que tentara cometer suicídio. A história não corresponde à maioria — ou à totalidade — dos relatos de experiências de quase morte que conheço, mas vou reproduzir, em essência, suas palavras.

Diz a autora que se viu numa espécie de zona crepuscular em que as pessoas só eram vagamente conscientes. O tempo deixara de existir para elas. Muitas estavam vestidas como na Grécia antiga, na França setecentista e em outras épocas do passado remoto. Mas quase não tinham consciência de sua existência naquele reino. O que mais impressionou a mulher foi a vibração pesada do ambiente, que correspondia, segundo ela, às vibrações do rock *heavy metal*. Foi salva por uma luz que penetrou na região e por esforços da medicina aqui da Terra (não sei quais). Desde então, passou a viajar pela América advertindo as pessoas da influência insidiosa de músicas barulhentas.

Essa advertência é válida. Acredito inteiramente na autora. Algum de meus leitores poderá ao menos se *imaginar* sorrindo serenamente ao ouvir essa música descontrolada? Só se for surdo como uma porta!

Tome bastante cuidado com a música que decidir escutar! Há uma canção de meados da década de 1920 intitulada *Gloomy Sunday*, que Billie Holliday popularizou. Foi banida do rádio porque muitas pessoas, suscetíveis à depressão, se suicidaram após ouvi-la.

Eu mesmo compus mais de quatrocentas canções e peças instrumentais apenas para oferecer às pessoas sons espiritualmente edificantes. Poucas músicas, mesmo clássicas, tentam edificar.

◎ ◎ ◎

1.40 | Aos poucos, o domínio da concentração se estende da menor realidade à maior.

Meu guru escreveu na *Autobiografia de um Iogue* que até os átomos são "dotados de individualidade". Declaração simplesmente impressionante! Significa que, embora todos nós sejamos expressões de Deus, cada qual é, de certa maneira, único. Como gosto de dizer, "Deus canta uma canção especial por intermédio de cada um de nós".

Nosso caráter único começa no nível do átomo. Darwin errou de forma quase ridícula! Deu-nos uma explicação aceitável (embora não necessariamente correta) da mecânica da evolução, mas não percebeu que tudo, sendo uma manifestação do Infinito, é consciente. A consciência existe até nas pedras (eu, porém, não desafiaria uma para um jogo de xadrez!). J. C. Bose, cientista indiano do início do século XX, provou que mesmo os metais respondem a estímulos. E descobriu-se que as ferramentas usadas nas fábricas sofrem de fadiga com o excesso de uso; ocasionalmente, é preciso dar-lhes um descanso. Portanto, até os átomos contêm pelo menos um germe de consciência. Nesse sentido, explicaremos melhor a evolução como um avanço, em todos os momentos de nossa existência, rumo a uma consciência cada vez maior. Todos nós, desde nossos mais remotos começos há incontáveis éons, temos sido únicos. E depois de volvermos à unidade com Deus num futuro insondável, tornando-nos Ele próprio, reteremos nosso caráter único na forma de memória, que é eterna e faz parte do divino.

Por isso Patanjali, mais adiante, descreve a iluminação como *smriti*, "memória". Lembramo-nos, quando nos tornamos iluminados, de que nosso verdadeiro lar sempre foi o Espírito.

Encontrar Deus significa formar uma unidade com todas as coisas, do menor dos átomos à maior das galáxias. Nesse estado, com efeito, o tempo e o espaço são reconhecidos como ilusões. Considere este pensamento intrigante: o planeta mais longínquo na galáxia mais remota não está, na verdade, mais distante de você que sua própria mão!

◎ ◎ ◎

1.41 | Assim como o cristal puro (ou o espelho límpido) reflete a forma e a cor verdadeiras do objeto colocado diante dele, também a mente do yogue, uma vez neutralizados seus vórtices de emoção (no coração), obtém o completo equilíbrio interior Então, ele passa a ver o conhecimento, o conhecedor e o conhecido como uma só coisa.

O estado em que o ato de conhecer, o conhecedor (homem) e o conhecido (Deus) se tornam um, chama-se samadhi.

Para alcançá-lo, a pessoa tem de eliminar todos os seus desejos e as suas expectativas. Não deve lamentar o modo como a tratam. Se for condenada à fogueira, deve mostrar-se indiferente ao seu destino, ou seja, aceitá-lo com serenidade.

Adquire-se equilíbrio perfeito na corda bamba quando se é capaz de caminhar por ela calmamente, sem a mínima inclinação para a direita ou para a esquerda. Em nossa esfera de dualidade, a vibração governa soberana. A vibração é um movimento em direções opostas a partir de um ponto de repouso no centro. Quando a pessoa deixa de ser puxada em uma ou outra direção pela vida; quando não a afetam nem a alegria nem o sofrimento, nem o prazer nem a dor, nem a aceitação jovial nem a rejeição carrancuda, nem a felicidade sorridente nem o sofrimento lacrimoso – quando nenhum desses estados emocionais chega a abalá-la, sua mente se torna um espelho límpido que reflete todas as coisas como são.

Os cientistas tentam atingir esse estado objetivo, mas para isso precisam reprimir seus sentimentos. Ora, sentimentos podem ser reprimidos, mas não eliminados. Quando menos se espera, voltam à tona – às vezes, distorcidos ou despercebidos, porém ainda ativos e, não raro, mais intensos. Um arqueólogo desloca um objeto encontrado para outro nível, adequando-o assim às suas ideias preconcebidas. Uma descoberta é repudiada pelos cientistas "ortodoxos". Uma nova maneira de explicar as coisas encontra forte oposição dos cientistas emocionalmente "viciados" nos métodos antigos. Max Planck, o famoso físico alemão – recuso-me a chamá-lo de "grande", pois era um ser humano comum com uma mente brilhante –, declarou que uma descoberta científica obtém aceitação não por ser razoável, mas porque a geração anterior morre e a seguinte cresce acostumada ao novo conhecimento.

Os cientistas podem, de fato, ser tão dogmáticos quanto um pregador religioso. Para conhecer a verdade, precisamos primeiro conhecer a nós mesmos. Essa é a eterna validade do antigo ditado grego "*Gnôthi sautón*", "Conhece-te a ti mesmo". Só aquele que alcançou a autêntica iluminação espiritual é competente para discernir a verdade completa em *qualquer* assunto.

Quando os *vrittis* se imobilizam, não havendo mais vórtices de sentimento no coração ou na coluna que obstruam o livre fluxo ascendente de Kundalini para o cérebro, só então podemos contemplar sem preconceitos o mundo e compreendê-lo em sua essência: como uma manifestação vibracional de pura consciência.

◎ ◎ ◎

1.42 | Na primeira etapa de samadhi, o nome, a forma e a percepção particular se misturam (com a consciência do Infinito).

Procurei traduzir este sutra da melhor maneira possível. Todos os livros que consultei sobre ele são tão incongruentes que só posso fornecer ao leitor sua essência, tal qual explicada por meu guru.

Na primeira etapa de samadhi (que, como já expliquei, Yogananda chamava de *sabikalpa*), o ego está vivo, embora adormecido. Yogananda definia o ego como "a alma ligada ao corpo". Portanto, onde existe ego existe consequentemente apego ao corpo, acompanhado pela percepção da identidade e das formas das coisas do mundo, vistas como realidades separadas.

Mistura, aqui, não implica *confusão*, mas sim visão de duas realidades ao mesmo tempo: a consciência do Infinito e a percepção tenaz da ilusão sensorial. Para reter esse estado de samadhi, a pessoa tem de ultrapassar por completo a consciência do ego, o que significa também permanecer totalmente indiferente às experiências dos sentidos.

[Nota ao aforismo 1.43]

Um resumo (para evitar identificação) de várias traduções do sutra seguinte, 1.43, poderia ser lido assim: "O não argumentativo é aquilo que ocorre quando a memória é purificada e só o objeto brilha sem deliberação. Tal é o estado de samadhi sem deliberação". Se algum leitor conseguir entender isso, então é muito mais inteligente que eu. Conhecer o sânscrito, é claro, não basta. Para entender Patanjali, exige-se muito mais que erudição. Os intelectuais que hauriram seus conhecimentos apenas em livros não podem ter a esperança de penetrar as verdades sutis oferecidas por Patanjali.

Tenho mente singela. Para entender uma coisa, preciso vê-la com clareza e simplicidade. Por sorte, meu guru era mestre nessa área. O que me explicou sobre os antigos ensinamentos fez — e ainda faz — perfeito sentido para mim. Ao contrário, boa parte do que li (afora as obras de Yogananda e de Sri Ramakrishna) não me diz coisa alguma.

Por isso, oferecerei aqui uma nova e (espero) melhorada versão deste sutra, com base no que aprendi aos pés de meu guru.

◎ ◎ ◎

1.43 | Depois que a mente se libertou por completo da autoidentidade, o verdadeiro Eu começa a brilhar em toda a sua pureza e radiância, para além de quaisquer definições. Este é (o segundo) nivritarka (ou *nirbikalpa*) samadhi.

É natural que, em seu ego, os seres humanos vejam seu verdadeiro eu. A visão de Deus, porém, é de dentro para fora, enquanto a do homem é de fora para dentro. A compreensão que temos de nós mesmos baseia-se numa autoidentidade exterior. Eu sou homem; sou americano; sou por natureza um artista; gosto de cebola; odeio alho; aprecio música agitada; não tolero música suave; sou essencialmente sério, mas não desprezo de vez em quando uma boa piada — e por aí além.

Deus age para fora, a partir do centro. O homem, ao contrário, age para dentro, a partir do que vê. O homem esculpe estátuas de pessoas. Deus cria ("manifesta" seria uma palavra melhor) pessoas valendo-se de minúsculas células. Deus é centro em toda parte e circunferência em lugar nenhum; o homem é centro em lugar nenhum e circunferência em toda parte.

Como se engana redondamente quanto à realidade de sua própria natureza, o homem acaba se iludindo também quanto à essência da realidade em si. Só depois de libertar-se completamente da autoidentidade ele descobre o que de fato é: não um corpo separado e limitado, mas o Eu Infinito de todas as coisas. Esse Eu brilha, uma vez que por trás da matéria está a radiância da energia pura. Assim, nossa compreensão não depende do raciocínio, pois já *sabemos* e não precisamos *inferir* nada. Acúmulo de conhecimentos não é necessariamente sabedoria.

◎ ◎ ◎

1.44 | Desse modo se explica a diferença entre *sabichara* (*sabikalpa*) samadhi e *nirbichara* (*nirbikalpa*) samadhi.

Este sutra não exige explicação.

◎ ◎ ◎

1.45 | (Em *nirbikalpa samadhi*), as percepções mais sutis não se distinguem uma da outra.

Ou seja, quando alcançamos a grande unidade com o Infinito, tudo é percebido como parte dela.

1.46 | Esses (dois) samadhis, ainda assim, conservam sementes.

No primeiro, *sabikalpa samadhi*, resta ainda a semente da consciência do ego. Assim, é possível decair desse estado. Com efeito, *sabikalpa* constitui a última e talvez maior tentação. Ao experimentá-la, o ego conclui, por ter contemplado a vastidão da percepção pura, que se tornou superiormente sábio e todo-poderoso. Todo pensamento originário do ego, no entanto, tira o yogue desse elevado patamar e mergulha-o de novo na ilusão. Um engano comum do devoto após atingir esse estado é supor-se provido de mais conhecimentos que seu guru espiritualmente desperto. Em consequência disso, pode perambular de novo por inúmeras encarnações.

Em *nirbikalpa*, a pessoa destruiu para sempre a semente da consciência do ego, mas ainda retém a lembrança de envolvimentos egoístas anteriores. Não poderá jamais decair desse estado. Mesmo assim, recordará todas as suas vidas passadas — como pirata, mercador, pianista, mãe extremosa — e reconhecerá que, em todas elas, foi na verdade o próprio Deus quem representou os diversos papéis.

Com efeito, tudo é Deus. Deus não criou nada além de Si mesmo. Isso é algo que nem Ele poderia fazer, pois só o que existe é a Realidade. Até Satã não passa de um instrumento de Deus.

Em *nirbikalpa samadhi*, a pessoa venceu seu ego imediato, mas guarda ainda no subconsciente a lembrança da ilusão passada. Antes de se fundir inteiramente com Deus, no estado de *moksha* ou libertação plena, terá de esvaziar sua consciência até da mais insignificante identidade com as vidas passadas.

Certa vez, perguntei ao meu guru: "Se, em *nirbikalpa*, a pessoa já alcançou sua unidade com Deus, por que não pode dizer apenas 'Sou livre!' e *ser* livre?". Yogananda respondeu: "Ela pode, mas nesse estado de liberdade não se importa. Continua voltando em benefício de seus discípulos".

Eis a melhor resposta para esse raciocínio tortuoso e torturado: nenhuma das incontáveis pessoas que, ao longo das eras, encontraram Deus, jamais bradou, "Que fraude!" Ao contrário, todas reconheceram: "Encontrá-Lo valeu todas as tribulações por que passei!".

Por quantas encarnações passamos? O Bhagavad Gita declara que, a cada novo Dia de Brahma (quando a Criação se manifesta exteriormente mais uma vez), Deus envia ao mundo todas as almas que ainda não alcançaram a liberdade espiritual.

O *Rubaiyat*, de Omar Khayyam, afirma — veladamente, mas foi assim que meu guru explicou essa passagem obscura — que muitas das almas surgidas na primeira manifestação do atual Dia de Brahma continuam, perto de seu fim, mergulhadas na ilusão.

O tempo durante o qual todos nós estivemos vagando é quase assustador, ao menos para a mente racional. As escrituras ensinam que a vida precisa de 8 a 12 milhões de encarnações para evoluir até a condição humana. Após atingir essa condição relativamente elevada, o ego se define plenamente, constituindo novo obstáculo, e por causa dele a alma pode atravessar outros milhões de existências antes de chegar ao nível de liberdade que descrevi. Por quanto tempo? Isso depende de nós. Com o ego totalmente formado, temos o livre-arbítrio de ir para cima ou para baixo.

Isso parece cruel da parte de Deus? Reflita nesta verdade simples: se não quiséssemos, não estaríamos vagando por aí! Krishna aconselha no Bhagavad Gita: "Afaste-se de Meu oceano de sofrimento e angústia!". O problema é que, neste mundo de dualidade, angústia e sofrimento são contrabalançados por prazer e felicidade! Assim, as pessoas continuam perambulando, sempre na expectativa e sempre desapontadas. No entanto, não precisariam fazer isso caso se voltassem para Deus!

Uma pergunta nos ocorre naturalmente: "Por qual motivo Deus quis que as coisas se manifestassem?". *Adi* (o primeiro) Swami Shankara definiu o Espírito Supremo como Satchidananda: "Sempre existente, sempre consciente, sempre renovadamente bem-aventurado" (foi meu guru quem acrescentou a palavra "renovadamente" à definição). Pelo que entendi — ele, devo dizer, nunca esclareceu esse pensamento para mim —, a resposta a essa insistente pergunta é a seguinte:

a natureza da eterna renovação não é ser para sempre uma grata experiência nova, mas manifestar-se para sempre de uma nova maneira.

Segundo as escrituras, Deus quis deleitar-se consigo mesmo por intermédio de muitos. As pessoas mergulhadas no sofrimento podem pensar: "Então Deus é um sádico!". Mas essa é simplesmente outra peça que a ilusão prega na mente confusa. Quem alcançou a sabedoria não tem semelhantes ideias. Deus se deleita consigo mesmo não por intermédio do sofrimento alheio, mas sim da maneira com que as pessoas finalmente descobrem a bem-aventurança de sua própria natureza em meio ao labirinto da existência. É tudo como um romance. Se a história começar com alegria e sucesso por toda parte, creio que os leitores porão o livro de lado após algumas páginas. Se a personagem principal tiver de lutar para conquistar o sucesso e a alegria, e por fim conquistá-los, os leitores certamente dirão: "Que belo romance!".

Com efeito, embora vivamos incontáveis existências — na Terra e em muitos outros planetas —, não apenas consideramos essa experiência válida enquanto perambulamos como, ao longo desse tempo, o tempo simplesmente não existiu! Tempo e espaço são meras ilusões.

Essas coisas, no entanto, estão além do alcance da razão humana. Eu mesmo costumava procurar a verdade raciocinando — e o raciocínio, felizmente, levou-me à constatação de que o objetivo de nossa vida é encontrar Deus. É melhor buscá-Lo com humildade e devoção. Jesus Cristo disse: "Deixai vir a mim as criancinhas, pois delas é o reino dos Céus". Deus, criador e mantenedor deste vasto e complexo universo, governa-o com a simplicidade de uma consciência que tem seu centro em toda parte e sua circunferência em parte alguma. Não espera nada do que está por vir e não lamenta nada do que passou: vive eternamente no Agora eterno, no eterno Presente!

1.47 | Na pureza de *nirbichara* samadhi, o Eu Supremo resplandece.

Esse estado, sendo absolutamente puro, impossibilita o retrocesso. Isso se dá porque todos os apegos do ego foram extintos.

1.48 | Nesse estado (a pessoa conquista) a Consciência Absoluta.

Einstein associava todos os movimentos à velocidade da luz. Os modernos pensadores "profundos", para quem tudo é relativo e, portanto, sem sentido, parecem ignorar que "relatividade" significa uma relação com *alguma coisa*. Essa "alguma coisa" é a Consciência Absoluta! As demais conquistas, os demais gozos são incompletos e relativos à Bem-Aventurança Absoluta de nosso próprio ser verdadeiro.

1.49 | Essa verdade suprema difere completamente de qualquer conhecimento ou percepção obtida do que, sobre ela, se ouve, se estuda na escritura ou se conclui pelo processo do raciocínio.

O significado desse sutra é autoevidente.

1.50 | A percepção "Eu sou livre!", oriunda desse supremo samadhi, elimina todas as outras impressões.

1.51 | Quando até o pensamento "Eu sou livre!" é extinto, a alma alcança o samadhi sem passado (*moksha* ou libertação total).

Por isso a grande santa Anandamayee Ma exclamou: "Deus existe e não existe, é Ele e não é Ele!".

Fim do Primeiro Livro ou Pada

Sadhana Pada
O SEGUNDO LIVRO

O caminho para samadhi

2.1 | Aceitar a dor como purificação; estudar as escrituras e a introspecção; atentar para a vontade e a orientação divinas; e aceitá-las: eis a prática do yoga.

É importante compreender que as posturas de yoga ou *asanas*, embora excelentes por si mesmas, não constituem a verdadeira prática do yoga. Yoga significa união. Sua prática consiste nos meios de alcançar a união divina. Os ocidentais estão acostumados a ver no yoga apenas um método estrangeiro; pois devo dizer-lhes que quase todos os ensinamentos de Patanjali, sobretudo neste segundo livro, são verdadeiros e úteis para qualquer pessoa empenhada na busca da verdade. Patanjali nunca mostrou interesse por meros sistemas de crenças. *Todas* as pessoas que procuram a união com Deus, sejam católicas, protestantes, muçulmanas, ortodoxas, hindus, budistas ou hotentotes, precisam passar por certas etapas nessa busca, assim como todas as pessoas que não estão no hospital nem fisicamente incapacitadas precisam comer pela boca.

Os adeptos entusiastas do Hatha Yoga frequentemente só levam em conta seus benefícios físicos. A abordagem que promete o emagrecimento é, porém, uma contrafação do yoga. Os méritos dessa prática são na verdade grandes e muitos. Sua adoção às vezes inspira alguns fisiculturistas, com o tempo, a levar o yoga mais a sério. Afora essa possibilidade, porém, o Hatha Yoga pode ser equiparado à ginástica.

Ensinei Hatha Yoga há muitos anos, juntamente com meditação, com o objetivo de obter dinheiro para fundar a primeira comunidade Ananda. Uma senhora que assistira às minhas aulas de Hatha Yoga alguns meses antes se matriculou em meu próximo curso de meditação. Depois de assinar a ficha, confessou-me: "Fiz aquelas aulas só para ter assunto com os membros de meu clube de *bridge*. Mas isso é *sério* mesmo! Agora quero me aprofundar realmente na matéria!".

Sim, o yoga é sério. Vai ao âmago de todas as suas aspirações na vida.

A dor e o sofrimento fazem parte da existência humana. O fato de serem também o quinhão de santos e buscadores da verdade no mundo inteiro é às vezes ironizado pelos adversários do yoga. "O yoga", zombam eles, "deveria poupar vocês do sofrimento." De fato, o Hatha Yoga cura inúmeras doenças. Mas há a questão do karma. Se você fez alguém sofrer em uma ou mais vidas anteriores, a prática do yoga, por mais intensa que seja, não o livrará da lei do karma, segundo a qual terá de passar por situação similar nesta vida ou em vidas futuras.

Pergunta: Adolf Hitler pagará por cada judeu que levou à morte nos campos de concentração? Resposta: não. Ele era o governante de seu país. Agiu em nome da Alemanha como um todo; portanto a própria Alemanha terá de arcar com o peso maior desse karma. Devo dizer que, quando visito esse país hoje, percebo uma nuvem kármica cobrindo todo o seu território. Percebi outra sobre o Camboja, quando lá estive em 1958. A da Alemanha não é tão densa, mas é palpável.

De Joseph Stalin, Yogananda disse: "Hitler era um escoteiro perto dele. Stalin terá de sofrer pessoalmente pelo que fez nesta vida. Na verdade, o sofrimento o perseguirá por mais 100 mil anos". Mas 100 mil anos pouco significam se comparados à jornada ao longo de éons que a alma empreende rumo à perfeição. Também não significam muito se comparados aos padecimentos que Stalin infligiu a seus compatriotas. Entretanto, a própria Rússia, e não apenas Stalin, terá de suportar a maior parte da carga. Meu guru previu: "A Europa será devastada; a Rússia será aniquilada". O karma em massa é, em definitivo, uma realidade.

A dor constitui uma experiência universal para todos os homens. Para uns, ela é intensa; para outros, relativamente branda. As dores de que padecemos são uma compensação kármica das que infligimos aos nossos semelhantes. A dor em si, porém, não traz muita liberdade espiritual. O importante é aceitá-la com calma e boa vontade — e até alegria. Devemos vê-la como os desígnios de Deus para nós, como uma expressão de Seu amor. Se aceitarmos serenamente as tribulações que se atravessam em nosso caminho, escaparemos por completo à esfera da dor. Lembre-se destas palavras de meu guru: as circunstâncias são sempre neutras. Parecem boas ou más, alegres ou tristes, dependendo inteiramente de nossa *reação* a elas.

Swadhyaya, o próximo item na lista das práticas de yoga necessárias, é uma palavra usualmente traduzida por "estudar as escrituras". *Swa*, entretanto, significa "eu". Portanto, "introspecção" é o verdadeiro significado desse termo. A pessoa pode estudar as escrituras "até que as galinhas tenham dentes", mas, se não viver de acordo com seus ensinamentos, será como ler uma revista em quadrinhos! O que for aprendido nas escrituras deve ser aplicado à vida por meio da introspecção profunda.

Analise por você mesmo estas lições: se alguém o insultar, para que dar-lhe o troco? Para que colocar esse karma em seus próprios ombros? Em vez disso, reflita para descobrir se, de algum modo, você não mereceu o insulto.

Da mesma maneira, se alguém tentar prejudicá-lo, pense bem se não fez nada para atrair sua má vontade.

O primeiro passo é observar suas próprias *reações*. Se elas, perante a vida, forem corretas, tudo acabará bem. Você não insinuará seu ego em tudo, distorcendo assim sua percepção da realidade.

O mais importante, no caminho espiritual, é superar o apego ao ego. Se alguém o menosprezar em público, seja grato, do fundo do coração, por esse lembrete de que você não é importante no grande esquema das coisas e de que sua verdadeira tarefa, como filho de Deus, consiste em minimizar seu papel em tudo. É de máxima relevância para seu progresso espiritual e sua felicidade duradoura fugir de uma vez por todas da prisão da consciência do ego.

Se as pessoas se irritarem com você, antes de qualquer coisa procure saber se você não é o verdadeiro culpado. E, qualquer que seja o caso, permaneça sempre calmo interiormente.

Eis uma regra que estabeleci para mim mesmo: nunca permito que coisa alguma abale minha paz de espírito.

Durante toda a minha infância, eu sofria de enjoos de mar quando navegava. E, como era minha sina atravessar o Oceano Atlântico várias vezes, eu estava sempre enjoado.

Já adulto, passei uma noite em Green Island, na Grande Barreira de Recifes a leste da Austrália. Na noite seguinte, devia fazer uma palestra no interior, na cidade de Cairns. Para azar meu, o mar estava inusitadamente bravio naquela manhã. Pensei então: "Já que tenho de dar a palestra em Cairns à noite, não posso chegar lá caindo aos pedaços". Tomei, pois, a firme decisão de *gozar* cada sacudidela violenta do navio. Toda vez que ele me lançava para cima e para baixo, para a direita e para a esquerda, contorcendo-se como um saca-rolha, eu encarava cada movimento com esta afirmação: "Sim!". Os resultados foram impressionantes. Embora eu tenha chegado ao porto meio tonto, não senti enjoo algum. Melhor ainda: desde então, nunca mais enjoei num navio, apesar das muitas vezes em que estive no mar.

É importante aceitarmos sofrimentos de todo tipo com serenidade. Essa é, de fato, a melhor maneira de superá-los.

Portanto, lembre-se: o yoga não nos livra de nosso karma, livra-nos da suscetibilidade a qualquer sofrimento que ele possa nos causar. O karma não nos obriga a sofrer, e sim a vivenciar os altos e baixos que causamos aos outros no passado.

Qual é, pois, a prática final mencionada neste sutra? Que significa acolher de boa vontade os desígnios divinos? Uma vez que o karma é a lei de Deus, devemos estar sempre receptivos a ele, assistir sem reclamar ao seu jogo intrincado — sempre de mente serena. Existem, é claro, diversos tipos de karma — bom, mau e indiferente. Não devemos nos identificar com nenhum deles, mas submeter-nos com tranquilidade ao que der e vier, e nunca permitir que coisa alguma nos excite.

◎ ◎ ◎

2.2 | Dessa maneira, nossos obstáculos são minimizados.

Tentemos não nos esquecer jamais de que, em nossa alma, somos sempre perfeitos. Nós mesmos é que erguemos os obstáculos à percepção dessa verdade. Mas não é justo! Sim, foi Deus quem criou a ilusão da separação. Contudo, nossos pecados e maus karmas, ou mesmo *qualquer* karma que ligamos a nós mesmos supondo-nos uma realidade separada — todos esses atos, ocorrendo numa esfera de dualidade, devem provocar reações opostas.

Uma alma liberta, ou *jivan mukta*, não age mais pensando que está agindo por si própria. Superou a consciência do ego. Assim, embora seus atos tenham consequências, estas não a afetam. Afetam outras almas — e sempre beneficamente, pois nesse estado só desejamos o bem geral —, mas os karmas alheios não repercutem nela.

O Bhagavad Gita enfatiza que não podemos escapar ao karma simplesmente não agindo. Quem está num corpo é obrigado a agir porque, no mínimo, deve respirar! E quem tenta não criar mais karma apelando para a omissão se torna um imbecil! Temos de agir, não há saída. Portanto é necessário agirmos *com energia* em prol do bem. Yogananda disse: "Para alcançar o estado em que a ação não existe, precisamos nos mostrar muito ativos perante Deus".

A melhor maneira de superar o ego é ajudar nossos semelhantes com amor e atenção meticulosa às suas necessidades.

◎ ◎ ◎

2.3 | Cinco são os obstáculos: ignorância, egoísmo, apegos, aversões e fixação na vida corporal.

A ignorância, no sentido espiritual, nada tem a ver com a falta de cultura livresca ou de conhecimento intelectual. Significa não saber o que a alma realmente é. Não me aprofundarei aqui neste tema, pois voltarei a ele, com mais detalhes, no próximo sutra.

O egoísmo também já foi tratado de forma ampla anteriormente.

Apegos e aversões são grandes obstáculos no caminho espiritual. Prendem-nos ao ego. "Eu gosto (disto, daquilo, de um lugar, de uma situação, de uma pessoa)! Eu não gosto..."

Devemos começar pelo modo como vemos as outras pessoas. Por quê? Porque são elas, principalmente, que afetam nossas emoções. Lembre-se: o yoga cuida, sobretudo, de acalmar os sentimentos. Estes, quando se alvoroçam, geram ondas em nossa consciência – ondas que nos fazem sentir separados do oceano de consciência pura, ou seja, do Espírito Supremo. Na verdade, só esse Oceano existe. Nossos sentimentos, porém, criam em nós a ilusão da separação. O ego, além disso, faz com que o movimento de superfície obrigue os sentimentos a rodopiar em vórtices ao redor dele. Aqui, porém, a imagem da onda é adequada porque ajuda nossa mente a visualizar o movimento em direções opostas ao ponto de repouso no centro. Quando nos envolvemos com os outros emocionalmente, estabelecemos critérios mentais que nos ligam a certas pessoas e nos afastam daquelas que não se encaixam neles.

Os seres humanos despertam em nós apegos e aversões com muito mais força do que, digamos, o alimento ou o ambiente. Não obstante, é óbvio que devemos aceitar com serenidade aquilo que *é*.

Essa prática se revela muitíssimo importante quando se trata de algo que nos afeta de maneira especial: dor e prazer, experiências agradáveis e desagradáveis, e qualquer coisa que exerça influência sobre nosso corpo ou nossa mente. A doença, geralmente, provoca sofrimento mental. Aprenda a aceitar com espírito tranquilo o que quer que lhe aconteça, confiando tudo às mãos de Deus.

Sempre fiz questão de nunca orar por mim mesmo e de nunca me defender. Irei acaso pedir algo diferente do que Deus me dá? Não recomendo: "Jamais ore por si mesmo", mas afirmo que, quanto mais esquecer a ideia do "eu", mais feliz você será. A dor que sofri naquela manhã por causa dos cálculos renais foi logo substituída por uma alegria tão intensa que mal pude conduzir o serviço religioso. Foi com lágrimas de júbilo que o fiz.

Há um ou dois anos, sonhei que inimigos meus tentavam me queimar na fogueira. Aceitei o que estavam fazendo, pensando, "A dor só durará um pouquinho". Como tudo pode acontecer em sonhos, eles então se sentaram à mesa de um banquete próxima e, rindo e comemorando, ergueram brindes uns aos outros e se divertiram a valer. Não os recriminei por isso.

Então alguns amigos apareceram, soltaram-me e salvaram minha vida. Importei-me tanto com ser salvo quanto me importara com ser queimado na fogueira. Ao acordar, fiquei contente por ter conseguido, mesmo em sonho, permanecer tranquilo diante do que, para qualquer pessoa, seria uma terrível provação.

Aprenda, pois, a ter calma em quaisquer circunstâncias. Quando a boa sorte se apresentar, aceite-a — não com indiferença, mas sereno e agradecido a Deus. E quando a má sorte cair sobre você, aceite-a também, calmo e agradecido a Deus como se isso viesse Dele. Assim, qualquer coisa que lhe aconteça só aumentará sua alegria interior.

Quanto ao último desses obstáculos — a fixação no corpo físico —, trata-se obviamente de uma ilusão universal. Mas também é um fato igualmente reconhecido que não podemos viver para sempre. O motivo pelo qual as pessoas rejeitam a morte física é saberem, em suas almas, que o fim definitivo é uma impossibilidade: elas sem dúvida viverão eternamente. Ficam confusas, no entanto, porque sua mente identifica a vida com o corpo físico.

Todos, buscadores de Deus ou ateus, se beneficiariam muito se começassem a encarar o fato inevitável de que, mais cedo ou mais tarde, deixarão seu corpo físico. As pessoas devem dizer a si mesmas diariamente: "Eu não sou este corpo; não estou ligado a ele!" Um ateu poderá repetir essas palavras com alguma convicção? É pouco provável, mas talvez aceite que a vida em seu corpo sobreviverá em outra forma — por exemplo, nas flores que crescerão sobre seu túmulo. Caso consiga se concentrar na ideia simples de que faz parte da vida universal, ainda que sua vida individual deva cessar, essa ideia decerto será mais tranquilizadora para ele do que a seguinte: "Na morte, deixarei de existir". Considerar-se parte da vida universal o ajudará pelo menos a banir o medo de um acontecimento que simplesmente não pode ser evitado.

Mas estou sendo, é claro, fantasioso. Os ateus não encaram sequer a ideia da morte: ela os assusta. Só depois de morrer é que experimentarão um alívio maravilhoso, que jamais haviam imaginado. Tive essa experiência com meu pai terreno. Ele era cientista, pouco inclinado a acreditar na própria morte e avesso até a pensar sobre o assunto. Duvido que o pensamento de Deus tenha alguma vez despertado seu interesse. Quando morreu, senti nitidamente sua presença por uns poucos momentos. Ela revelava imensa alegria e entusiasmo. Recuperara a juventude que eu conhecera em minha infância.

Nossas crenças não são na verdade muito importantes, exceto como hipóteses para orientarmos nossas ações aqui na Terra. As crenças constituem o critério da virtude em muitas religiões. Elas ajudam, mas também oprimem. Como disse Swami Vivekananda, "sem dúvida, nascer numa religião é uma bênção, mas morrer nela é uma desgraça".

2.4 | A ignorância é o terreno onde medram todas as imperfeições, quer sejam latentes, superficiais, esporádicas ou duradouras.

Imperfeições latentes são aquelas que estão adormecidas dentro de nós e não despertaram nesta vida, podendo mesmo não despertar até o fim dela porque as circunstâncias se mostram desfavoráveis a isso.

Imagine alguém que gostava muito de uma comida, mas não a encontra mais em nossos tempos. Ou que adorava pescar em alto-mar, mas nasceu agora no interior, num deserto onde é obrigado a permanecer. Se quiséssemos, poderíamos dar milhares de exemplos semelhantes.

Mesmo os bebês têm inúmeras qualidades desenvolvidas antes e que ainda não podem expressar na vida atual.

As imperfeições superficiais são aquelas que não representam obstáculos sérios no caminho espiritual. Por exemplo, nos primeiros anos de aprendizado com meu guru, pedi-lhe que me ajudasse a superar o apego à boa comida. "Não se preocupe com essas bagatelas! Quando o êxtase vem, o resto vai."

As imperfeições esporádicas são aquelas que surgem de vez em quando na mente: o impulso ocasional, por exemplo, de sair para uma noitada. Esse tipo de imperfeição é um entrave, sem dúvida, mas bem menos perigoso que um hábito enraizado na mente. Se você não se permitir a satisfação desses impulsos, eles irão aos poucos desaparecendo.

As imperfeições duradouras — digamos, o anseio por um relacionamento romântico ou por filhos, coisas absolutamente normais para pessoas do mundo, mas prejudiciais para quem busca Deus — podem ser removidas pela interferência do guru ou da graça divina. Em geral, porém, devemos suportá-las até que a experiência nos ensine que Deus é a única realização.

◎ ◎ ◎

2.5 | A ignorância é a certeza de que o passageiro é permanente; de que o impuro é puro; de que o doloroso é agradável; e de que o não eu (o ego) é o eu verdadeiro.

Percebemos a decadência em toda parte. Criaturas vivas morrem; edifícios caem em ruínas; estradas abandonadas desaparecem. Calculou-se que, se nossa civilização fosse aniquilada, quase todos os indícios de que ela existiu se desvaneceriam em alguns milhares de anos. A matéria, pontificou Isaac Newton, não pode ser criada nem destruída. Desde a explosão da primeira bomba atômica, porém, a humanidade constatou que a matéria pode ser *transformada* — em energia. Na verdade, ela *é* energia num nível baixo de vibração. No futuro, a ciência talvez descubra (como os mestres realizados em Deus já sabem) que a energia não passa de pensamentos em estado de vibração e que os próprios pensamentos não passam de vibrações da consciência divina. Nada na Criação é permanente. Ao fim de um Dia de Brahma segue-se uma Noite de Brahma, quando a realidade manifestada se reduz à memória latente e as almas que ainda não alcançaram a iluminação mergulham num estado de semiconsciência.

A única realidade que existe — fixada por toda a eternidade e para além da própria eternidade —, na qual não há nem tempo nem espaço, é Brahman, o Espírito Supremo.

Para que seja pura, uma coisa tem de estar em seu estado natural. *Nada* que seja simples manifestação do Espírito se encontra em sua condição primitiva. Nesse sentido, portanto, apenas o Espírito Supremo pode ser considerado realmente puro! Na Criação, porém, tudo que sugira movimento ascendente rumo à iluminação divina ou, melhor dizendo, que inspire esse movimento, deve ser considerado puro. De outro modo, com efeito, não poderíamos legitimamente levar nada em consideração!

É impuro o que puxa a mente para baixo na coluna, em direção à sensualidade e às experiências mundanas. Sua impureza consiste em afastar nossa consciência do pensamento de Deus. As pessoas mundanas podem chamar um filme romântico de "puro" porque ele mostra a paixão unicamente por meio de um beijo. Mas a própria paixão é impura! Tudo o que excita ondas de emoção na alma é impuro, pela simples razão de que impede o estado de consciência sereno no qual, e só no qual, o correto entendimento prevalece.

Como pode alguém gostar da dor? Bem, os sádicos gostam de infligi-la aos outros. Os valentões também. Mas será isso *gostar* realmente? Consideremos as pessoas mais normais. Os prazeres que encontram no mundo são muitas vezes penosos para sua própria natureza superior. Descarregam de bom grado sua cólera nos outros, mesmo que, no fundo, lamentem sentir essa emoção. Apegam-se a maus hábitos, embora apreciassem muito não tê-los contraído. Mesmo coçar a picada de um mosquito dá prazer ao mesmo tempo que incomoda!

Já discutimos o problema que é superar a ideia do ego como nosso verdadeiro eu.

◎ ◎ ◎

2.6 | O egoísmo é a identificação daquilo que vê (o órgão da visão) com a capacidade de ver.

A identificação com o corpo induz a pessoa a supor que, sem olhos, não conseguiria enxergar. Fisicamente falando, sem dúvida, o que chamei de ilusão é fato concreto: ela não conseguiria mesmo enxergar. Também não escutaria sem ouvidos; não sentiria cheiros sem as glândulas olfativas; não sentiria gostos sem as papilas gustativas; não teria sensibilidade na pele sem o tato. Mas ocorre que viemos a este mundo partindo de um nível mais sutil de existência. No mundo astral, para onde voltamos após a morte, temos em nosso corpo astral a *capacidade* de ver, ouvir, cheirar, degustar e sentir o toque. Naquele mundo, quem era cego e surdo neste, pode ver e ouvir perfeitamente.

É, pois, uma ilusão depender inteiramente dos sentidos exteriores. Lembre-se de que, no íntimo de seu Ser, você é tão onipotente quanto Deus — pois, ali, você *é* Deus!

2.7 | O apego vem do prazer.

Essa afirmação é clara. O apego a uma coisa só nasce quando ela lhe dá prazer. O yogue deve, pois, aprender a gozar tudo impessoalmente, sem se ligar a nada.

2.8 | A aversão vem da dor.

Quando você for ao dentista, por exemplo, não permita que seus sentimentos se retraiam por causa da dor provocada pela perfuração de um dente. Seja impessoal. Diga a si mesmo: "Isto está acontecendo, mas não a *mim*".

2.9 | Mesmo o sábio se agarra (embora superficialmente) a esta vida, levado pelo fluxo de satisfação que ela lhe proporcionou.

O sábio também sente certa satisfação por ter um corpo físico, ao qual se agarra mentalmente, embora superficialmente, quando chega o momento de abandoná-lo. Isso não é realmente apego, pois ele fica feliz por deixar o corpo a qualquer momento em que seja chamado. Assim como o mestre pode suspirar inadvertidamente ante um mau comportamento do discípulo, também uma alma iluminada, ao encarar a partida de seu corpo, pode lamentar: "Então você se vai outra vez, hein?". Porém aceita o fato e logo se acomoda a ele.

◎ ◎ ◎

2.10 | Todos esses obstáculos (atrações, aversões, etc.) podem ser removidos pela percepção de sua origem (o ego).

O ego é como as raízes de uma grande árvore. Quando elas são destruídas, a árvore morre. É bom lutar contra as próprias fraquezas; mas melhor ainda é travar batalhas fáceis de vencer em vez de enfrentar em vão inimigos fortes demais. Aos poucos, ganhando batalhas menores, adquirimos força suficiente para ganhar as maiores. A guerra suprema é, sem dúvida, contra o próprio ego. Sua destruição – ou, antes, sua transformação – constitui, em todos os combates espirituais, o objetivo principal. E a vitória pode ser obtida aos poucos, por partes, sem a necessidade de uma guerra total.

Quando alguém o elogiar, responda: "Foi Deus quem fez". Quando o censurar, aceite a censura com calma – e mesmo, se possível, com um sorriso amistoso. E, quando o humilhar em público, agradeça intimamente a humilhação. Em vez de calcular o bem que talvez lhe advenha, pense "O que posso dar?" Em vez de se vangloriar de honras conquistadas, transfira-as a seus semelhantes. Em vez de se aborrecer com o que os outros pensam de você, concentre-se no que está em condições de fazer por eles. Em vez de esperar que lhe estendam uma mão amistosa, seja o primeiro a mostrar gentileza e boa vontade.

Chegará para você um tempo, como chegou para mim há muitos anos, em que conseguirá enfrentar seu ego com um forte sentimento de rejeição. Lembro-me de estar meditando quando, de repente, ocorreu-me este pensamento: já é hora de pôr em xeque, corajosamente, a satisfação que sinto por ter um intelecto lúcido. Nunca me esqueci das palavras exatas que pronunciei então: "Estou farto de sua presença! Não quero ter mais nada a ver com você! **SUMA!**". Expulsei aquela satisfação gritando o mais alto que pude!

Senti logo um profundo alívio interior. Vi meu guru logo depois dessa meditação e ajoelhei-me, pedindo que me abençoasse: "Muito bom!", disse ele. Desde aquele instante, não senti mais a necessidade de ligar tudo a mim mesmo. Sou tão livre quanto é possível a alguém ser na prisão de um corpo físico. Em consequência, outros obstáculos – desejos, aversões, gostos e desgostos – já não me parecem reais.

2.11 | No estado ativo, (esses obstáculos) podem ser removidos pela meditação.

Foi meditando que consegui expelir essa ilusão de minha mente. Comparando as doçuras do brilho intelectual com a serenidade da meditação, compreendi que elas não apenas limitavam minha consciência como eram absolutamente ridículas!

2.12 | Os karmas passados têm sua origem nos (já mencionados) obstáculos, que são envolvimentos do ego, e provocam os eventos vivenciados no nascimento presente e nos nascimentos futuros.

Dois textos indianos antigos, de cerca de 5 mil anos, descrevem a vida de muitas pessoas que estão vivas hoje no mundo. Esses textos podem parecer, a muitos leitores, uma impossibilidade e, mesmo, um produto de fraude. Há 5 mil anos, porém, a Terra atravessava o chamado Treta Yuga, um período no qual os homens rasgaram esse véu da ilusão que é o tempo. No atual yuga (ou era) *ascendente*, conhecido como Dwapara Yuga, os homens conseguirão, segundo os antigos ensinamentos, ver através da ilusão do espaço. Estamos há pouco mais de cem anos nessa era e, além de ir à Lua, já instalamos equipamentos de exploração em Marte. Esse período durará no total 2 mil anos, com mais duzentos adicionais de transição para o próximo.

Treta Yuga, que virá depois, durará 3 mil anos, com mais trezentos de transição para o próximo. O ciclo inteiro de yugas é de 24 mil anos — 12 mil ascendentes e 12 mil descendentes. Há 5 mil anos, a Terra se encontrava no Treta Yuga *descendente*.

Tive a oportunidade de estudar bem esse fenômeno. E o que as leituras me ensinaram foi simplesmente assombroso.

Aqui não é lugar para examinar em detalhe essas leituras. Uma delas, porém, afirmou que eu havia nascido na Romênia (certo) e morava na América; que teria irmãos, mas não irmã sobrevivente; e que me depararia com provas difíceis em minha missão.

Lemos na própria escritura que o homem tem livre-arbítrio — mas até que ponto? Os machos não podem conceber filhos. Um idoso como eu já não pode correr os cem metros rasos. Somos limitados não apenas por nosso corpo, mas também pelas características e pela acuidade mental com que nascemos. Na verdade, nosso livre-arbítrio se limita a isto: podemos determinar o rumo de nossa vida, caminhando para Deus ou afastando-nos Dele. O resto está definido por nossas ações no passado. (Se você puder me provar o contrário, ficarei satisfeito em ouvir seus argumentos!)

◉ ◉ ◉

2.13 | A existência de uma causa pressupõe a existência de um resultado, que pode frutificar nos (corpos de) diferentes espécies, definindo suas experiências (nessas formas) e sua longevidade.

Será mesmo possível, para o homem, tornar-se novamente animal? Convenhamos: nosso corpo humano não define quem somos. Somos almas sem forma. Mas se, em corpo humano, levarmos vida animal, certamente renasceremos na próxima existência como bichos. O olhar de certos animais às vezes sugere uma percepção quase humana.

Meu guru explicava que, em geral, essa queda ocorre apenas por uma existência; depois, a pessoa retorna a um corpo humano. Mas se ela continuar a viver como animal, poderá regredir outra vez à forma de bicho — novamente, só por uma existência. Entretanto, se prosseguir assim por muito tempo, acabará por descer a escala da evolução até embaixo, de onde terá de subir novamente até o nível humano.

Até onde se pode descer? Segundo meu guru, até o verme! Certamente não deve ser nada agradável para nós começar do verme, chegar ao inseto e, depois, penosamente, às formas animais inferiores, sabendo o tempo todo, no íntimo, que nosso estado natural é muito superior àquilo!

Muitas vezes, penso sobre o futuro dos magnatas que, em sua febre de dinheiro, não hesitam em despojar os outros para ficarem ainda mais ricos!

◎ ◎ ◎

2.14 | Os frutos das ações passadas trazem prazer ou dor de acordo com sua qualidade (se são edificantes ou degradantes).

O bom e o mau karma não são determinados por nenhum código de comportamento social; obedecem apenas a um critério simples: ou a consciência se ergue até Deus ou se degrada, afastando-se de Sua lembrança. As ações em si são menos importantes que as intenções. Você pode ter dado fortunas para obras de caridade, mas, se o fez só para impressionar os outros, os benefícios exteriores dessa generosidade serão pesados na balança com as motivações egoístas. É sempre bom fazer o bem, mesmo por razões egoístas, mas melhor ainda é fazer o bem por bondade genuína.

◎ ◎ ◎

2.15 | Com efeito, para quem tem discernimento, tudo aquilo (que o corpo experimenta) é penoso, pois os desejos, uma vez satisfeitos, abrem caminho para o medo e o sentimento de perda; geram desejos novos na mente; e os desejos provocam conflito entre os três gunas.

Como já mencionei, Yogananda costumava dizer: "Os desejos são sempre alimentados, nunca satisfeitos".

Sábio é quem não busca prazeres neste mundo, pois, como tudo é regido pelo princípio da dualidade, a cada prazer corresponde uma dor igual e oposta. Por que continuar eternamente nessa montanha-russa?

A resposta não é não possuir nada, mas sim não criar apego a nada do que se possui. Um bom método para você romper o apego a alguma coisa que valoriza muito é dá-la de boa vontade a quem a cobiça. Outro método é, à noite, antes de dormir, jogar na fogueira, mentalmente, todas as coisas que possui e vê-las alegremente se reduzirem a cinzas. Vá sempre para a cama de coração leve.

O mais intrigante neste sutra é: como os desejos podem produzir conflito entre os gunas?

Todos nós somos produto de uma mistura dos três gunas. A própria criação o é, segundo Krishna no Bhagavad Gita. Geralmente, imaginamos "mistura" como uma variedade — de alimentos, por exemplo, revolvidos numa panela. Mas aplicar essa palavra à presença dos três gunas no corpo talvez gere confusão. Como podem nossos desejos criar semelhante mistura? Pior ainda, como eles conseguem colocar os gunas em conflito um com o outro?

Meu guru explicava sua presença na Natureza em termos do distanciamento cada vez maior do estado original no Absoluto. Já falei sobre isso antes, mas não fará mal insistir um pouco mais no assunto. Uma onda no oceano consiste de três partes: a que está mais perto do fundo; a que, no meio, pressiona para cima; e a crista. Apenas para fins de ilustração, chamemos a parte mais próxima do fundo de sattwa guna, que no homem é a porção mais espiritual de sua natureza. A parte do meio, a parte dinâmica, é rajoguna, a característica enérgica e empreendedora do homem. A crista é a parte mais distanciada do fundo. No homem, é a que expressa tamoguna: a preguiça, por exemplo.

Meu guru ensinava que os três gunas estão necessariamente presentes em todos. Num santo, tamoguna pode se manifestar apenas em sua necessidade de sono à noite. Numa pessoa tamásica, sattwa guna pode encontrar expressão da mesma maneira: no sono profundo! Portanto, sattwa guna, por si só, não basta para nos erguer ainda mais — afastando-nos dos gunas e alçando-nos ao estado conhecido como *triguna rahitam*, além dos três gunas. Dentro de sattwa estão, pois, as sementes do retorno a tamas. Com efeito, as ondas de nossa consciência sobem e descem constantemente. A melhor das pessoas pode, com o tempo, tornar-se má por causa de um único deslize; a pior das pessoas tem a divina centelha dentro de si, que pode eventualmente colocá-la entre as melhores.

De uma parte dessa ilustração Yogananda jamais quis participar: a depressão, no oceano, que obrigatoriamente compensa a elevação de uma onda. Nessa depressão, encontramos a parte mediana e dinâmica puxando para baixo, em vez de empurrar para cima. Assim, vemos manifestar-se aquilo que Yogananda descreveu: o fato de rajoguna ter duas direções. Há raja-sattwa e rajo-tama. Algumas de nossas qualidades ativas conduzem para o alto, na direção de sattwa — por exemplo, ao desejo de ajudar os pobres e doentes —, e outras para baixo, na direção de tamas — por exemplo, ao desejo de descumprir deveres e frequentar festas.

Na natureza humana se agita uma numerosa horda de qualidades, algumas boas, algumas nem tanto, outras definitivamente más. O despertar espiritual (definição de yoga) ocorre quando todos os vrittis, ou vórtices de energia e consciência localizados na coluna, se dissolvem e a energia consegue fluir livremente para o cérebro; portanto o conflito íntimo, relativo aos desejos da mente, produz confusão. Podemos dizer que os desejos provocam conflito nas direções da energia interior, que ignora se o seu fluxo deve subir ou descer. Podemos dizer também que os desejos nos deixam sem saber para onde estamos indo! Esse é o conflito interior.

2.16 | O sofrimento kármico futuro pode ser evitado.

Yogananda costumava dizer: "Estou farto de ouvir pessoas se lamentando: 'É o meu karma; não posso evitá-lo!' Ora, todo karma pode ser transcendido!". O que o caminho espiritual deve fazer por nós a não ser, como diz Krishna no Gita, ajudar-nos a "ficar longe de Meu oceano de sofrimento e ilusão"? (É a terceira vez que cito aqui essas palavras. Espero que sejam bem compreendidas! Meu guru as citava sempre, pois descrevem perfeitamente este mundo: um mundo de *maya* [ilusão].)

Existem vários remédios para todos os tipos de calamidades. Não se encolha na sombra, gemendo "Oh, é o meu karma!"

Quando você alcançar o estado de *jivan mukta* e suprimir inteiramente o ego, mesmo o mais pesado dos karmas não o atingirá: imagine que uma geladeira fosse dependurada no teto, pronta para esmagá-lo como a uma barata, e você simplesmente se esquivasse a tempo. A geladeira cairia, mas não o tocaria.

2.17 | A causa dessa dor evitável é a união daquilo que vê e daquilo que é visto.

(*Drasti* = o que vê; *drisyaya* = o que é visto; *samyogah* = união; *heya* = evitável; *hetuh* = causa.)

Este sutra me deixou confuso a princípio. Mas depois descobri que as palavras *Purusha* e *Prakriti*, usadas por muitos comentadores, não aparecem no original sânscrito. Então, o sutra se tornou perfeitamente inteligível para mim. Quando o que vemos ou experimentamos nos parece real, pode causar sofrimento. O desapego deve chegar a tal ponto que nada neste mundo nos pareça real. Devemos ter por princípio absoluto em nossa vida eliminar o pensamento da dor, sempre que nosso corpo a experimentar. Por isso muitos monges cristãos usavam o cilício e praticavam a autoflagelação. Porém, tais práticas estão associadas a pensamentos negativos, como a expiação de pecados, e eu duvido muito que realmente expiem alguma coisa!

É melhor, acredito, tentar superar as dores normais de nossa vida – produto de nosso próprio karma passado – do que deliberadamente infligir dor a nós mesmos com a *intenção* de sofrer por Cristo ou outra razão qualquer.

O sofrimento existe. E é, em grande medida, mental. Observe uma criança que caiu e esfolou o joelho. Ela espera que *você* reaja. Se você mostrar piedade, ela começará a chorar; mas se tratar o episódio como fato corriqueiro e disser algo como "Vamos lá, Joãozinho, levante-se e tente de novo!", muito provavelmente Joãozinho não dará atenção a esse pequeno inconveniente, ainda que tenha se machucado.

Já mencionei várias vezes neste livro a experiência de ir ao dentista, pois ela é bastante familiar à maioria de nós. Ter alguém esburacando seus dentes pode ser doloroso e assustador, mesmo que você tenha tomado anestesia.

Descobri uma boa maneira de praticar o desapego recusando anestesia sempre que vou ao dentista. (Isso prepara a nossa força de vontade para aceitar sem gemer dores mais fortes.)

Apenas digo a mim mesmo "A dor não existe!" Afasto a mente do que está "acontecendo" em minha boca e penso em outra coisa. Às vezes, componho mentalmente a letra ou a música de uma canção. Outras, tento resolver um problema do livro que estou escrevendo. Acho melhor me concentrar em algo mental de modo que minha mente se afaste por completo do corpo. Sempre tive problemas com os dentes, pois uma colite na infância me obrigou, durante anos, a não consumir laticínios; essa abstenção diminuiu o nível de cálcio em meu organismo. Meu dentista em Bucareste, sempre que eu gritava muito alto quando ele trabalhava em meus dentes, obturava-os — por "dó" — sem escavar suficientemente fundo para remover por completo as cáries. Em resultado, meus dentes, na idade adulta, ficaram em estado de ruína total.

Certa vez, na cadeira de um dentista, a dor foi grande demais para que eu pensasse descontraidamente em poesia. Busquei outra solução. Pensei: "Eu não sou este corpo!". Deixei minha mente vagar pelos campos em redor. Assim, meu corpo se transformou num objeto minúsculo dentro daquela vasta área de percepção. Desse modo, a dor se torna insignificante. Tente isso! É mero produto da imaginação, mas funciona.

Em qualquer circunstância, mantenha a mente sempre calma.

Meu guru teve várias experiências de superação da dor. Um dia, um bloco de concreto de mais de duzentos quilos (um "poço dos desejos") escorregou das mãos dos operários que o instalavam e caiu em cima de um dos pés de Yogananda, fraturando-o.

"Eis uma boa oportunidade para lhes mostrar como se ignora o sofrimento!", anunciou ele, com o rosto contraído de dor. "Vou concentrar minha mente no ponto entre as sobrancelhas!" Não tardou e toda a tensão desapareceu de sua face. Ele fez essa demonstração várias vezes. Os presentes (eu ainda não era seu discípulo) disseram que aquilo os impressionou profundamente.

O pé de Yogananda inchou tanto que ele não conseguiu calçar o sapato. Mas no sábado seguinte, no templo, calçou-o sem problemas – e o inchaço imediatamente desapareceu ("A Divina Mãe fez aquilo", dizia ele mais tarde a todos), permitindo-lhe subir no púlpito com toda a naturalidade.

Temos visto, neste livro, que o karma é a causa do sofrimento. Então por que – perguntarão alguns leitores – um mestre liberto precisa sofrer?

Resposta: muitas vezes, os grandes gurus assumem no próprio corpo os fardos kármicos de seus discípulos. A perfeita sintonia com estes e a identificação compassiva com o que têm de padecer são o que lhes permite fazer isso.

⊚ ⊚ ⊚

2.18 | O que é visto (experimentado) neste mundo consiste naquilo (que é inerente aos três gunas:) a luz da percepção refinada, o impulso para a atividade exterior e a inércia. Está presente em todo o universo objetivo, propiciando tanto a experiência sensorial quanto a orientação (interior) para a libertação.

Sattwa guna nos conduz *para* a iluminação, mas por si mesma não a *propicia* porque ainda está enraizada no ego. Alguém pode ter excelentes qualidades humanas – bondade, compaixão, generosidade, coragem para fazer o bem e mesmo humildade –, mas, enquanto achar que essas qualidades estão relacionadas ao ego, elas só definirão sua natureza humana e não o levarão muito longe.

Como, então, podem os gunas nos conduzir à libertação completa de nossa natureza humana, egoísta? Resposta: apontando-nos a direção ascendente.

Em nossas comunidades Ananda, temos a oportunidade de nos observar uns aos outros de perto, às vezes por muitos anos. Os que trabalham alegremente e de boa vontade, não importa a tarefa que lhes seja solicitada, são sempre felizes. Os que resmungam "O que é agora?" nunca o são, independentemente das coisas boas que lhes aconteçam. E os que pensam "Trabalho! Trabalho! Mais trabalho!" são sempre infelizes.

Repetindo, os que pensam "Encontrarei paz em tudo o que fizer" não são apenas felizes o tempo todo, mas calmos e contentes consigo mesmos.

Tamas não dá felicidade. Rajas dá satisfação, mas não felicidade. E sattwa dá paz interior e felicidade constantes.

Como buscam incessantemente a felicidade, todos os homens têm incentivo bastante, dentro de si próprios, para desenvolver, por meio dos três gunas, o desejo de escapar deles e do ego, para sempre.

2.19 | As etapas dos gunas são: grosseira, menos grosseira, definível e além da definição.

Patanjali não descreve aqui as atividades próprias de cada guna, apenas explica que todos os três são como véus diante da luz pura do Espírito. Tamo-guna é como um quarto véu que escurece essa luz. Rajo-tamo é a mente despida do quarto véu; as qualidades que manifesta são menos grosseiras e, portanto, menos específicas. Rajo-sattwa exibe traços definíveis, pois eleva a mente graças a determinadas ações cuja virtude consiste em purificar a natureza da pessoa. Sattwa é o último véu, através do qual a luz brilha em toda a sua plenitude, embora de maneira indefinível. Bondade, desapego, humildade, etc., não podem ser tão claramente definidos como cobiça, avareza, luxúria, etc.

2.20 | Aquilo que vê (experimenta por meio dos sentidos), embora aparentemente contaminado pela mente, é (na verdade) consciência pura.

A consciência pura de Atman não é afetada pelo que o ego vê (experimenta) por meio dos sentidos. Devemos tentar não ser afetados por nada — nunca sentir medo; nunca permitir que o ganho ou a perda nos abale; nunca deixar que o prazer ou a dor nos perturbe.

Mas então o certo é não apreciar *nada*? Receber presentes com desdém? Bocejar diante do mais belo pôr do sol? Patanjali não pretende nos transformar em robôs! Meu guru, por exemplo, tinha um senso de humor simplesmente *delicioso*! Quando pilheriavam em sua presença, ele ria. Mas quando eu olhava no fundo de seus olhos, não percebia nenhum ego ali: ele gozava tudo com a alegria de Deus. Se alguém lhe dava um presente, não o punha de lado com ar de desprezo: *demonstrava* gratidão. (Mais adiante, examinaremos um ensinamento, atribuído por alguns tradutores a Patanjali, relativo à recepção de presentes. Veremos que ele não se referiu à atitude das pessoas.) Meu guru era muito sensível aos sentimentos dos outros e jamais quis desapontá-los. Quanto à vida, ele a gozava também *interiormente*, com a alegria de Deus. Chorou quando seu pai morreu. Rejubilava-se com as experiências agradáveis. Mas, fosse no prazer ou na dor, seus olhos sempre revelavam desapego e profunda serenidade íntima.

Certa vez, em Puri, na Índia, conheci um sadhu que tinha 132 anos de idade. Sem dúvida, para chegar a tanto, ele devia ter adquirido ao menos um pouco de sabedoria. Ele me disse "Você não deve apreciar *nada*".

"Como?", repliquei. "Nem mesmo um bonito pôr do sol?"

"Nada!", repetiu ele, com ênfase.

Pensei: "Que maneira mais *seca* de viver!".

Meu guru, ao contrário, apreciava praticamente tudo! Uma vez, quando criança, chegou a comer com evidente satisfação um bocado de arroz podre. Esse gozo, porém, era sempre interior. Desfrutava de todas as coisas como sinais da bênção de Deus!

◎ ◎ ◎

2.21 | O que existe só existe para aquele que vê.

Deus não contempla o mundo como se estivesse no alto do Monte Olimpo. Ele *é* tudo o que pode ser visto. Está no âmago das coisas: centro em toda parte, circunferência em lugar nenhum. Criou o universo como manifestação de Sua própria bem-aventurança. Sempre digo: Deus criou tudo porque é da natureza da bem-aventurança manifestar-se. A criação inteira surgiu para Seu deleite.

2.22 | Embora destruída por quem alcançou sua meta, (a ilusão) permanece uma realidade universal para (todos) os outros seres.

Aquilo que é percebido como não existente por quem alcançou seu objetivo espiritual (a iluminação) parece absolutamente real para quem ainda está mergulhado na ilusão. O prazer parece real. A dor parece real. A felicidade parece real. O sofrimento parece real. A vida que vivemos neste mundo parece uma realidade permanente para os "mundanos". Mas ela não tem sequer a realidade de uma bolha! Devemos sempre ter em mente, diante dos altos e baixos da existência, que tudo isto é apenas um sonho do qual, mais cedo ou mais tarde, despertaremos — e bem mais cedo se, mesmo no sonho, tentarmos visualizar a aurora do despertar final.

2.23 | A identificação do possuidor com a coisa possuída dá (a ela) poder sobre ele, que a considera parte de si mesmo.

As pessoas que se orgulham de suas posses sofrem quando alguma delas lhe é roubada ou danificada ainda que ligeiramente. Meu guru costumava dizer: "Não há nada de errado em possuir bens, mas sejam vigilantes para que eles não possuam vocês!".

2.24 | A causa dessa identificação é a ignorância.

É ignorante a pessoa que se identifica com qualquer coisa do mundo exterior. Devemos olhar para dentro de nós, para a Verdade.

◉ ◉ ◉

**2.25 | Sem ignorância não há identificação.
E o Vidente se liberta por completo.**

Sem a união ou sintonia com as coisas exteriores, a pessoa se desprende completamente de *maya* (ilusão) e se torna livre.

◉ ◉ ◉

2.26 | O discernimento contínuo e lúcido é o melhor método para penetrar o véu da ignorância.

Não basta ter discernimento somente durante a meditação ou, quando calmos, diante de problemas da vida. Devemos tê-lo também em meio ao turbilhão das atividades mais tumultuosas da existência. Para isso, mantenha os sentimentos do coração em fluxo ascendente, na direção do olho espiritual, e concentre a energia do cérebro no ponto entre as sobrancelhas. Se precisar escolher entre as duas atitudes, prefira a última. Pergunte-se toda vez que estiver diante de uma escolha: "Que devo fazer?". E ao fim de cada dia, rememore tudo o que fez, perguntando a si mesmo (conforme o conselho do Bhagavad Gita): "Quem venceu hoje, meus bons ou meus maus soldados?".

O consciente e infatigável exercício do discernimento é essencial para escapar às cadeias da ilusão.

◉ ◉ ◉

2.27 | A sabedoria, na etapa final, tem sete partes. [O sábio Beda Byasa, em seu comentário a Patanjali, enumera assim essas sete realizações:] O buscador não precisa conhecer mais nada; como a causa de todos os sofrimentos foi compreendida, eles vão sendo aos poucos eliminados; alcançado o samadhi, a pessoa finalmente anula a própria causa do sofrimento; obtém

o perfeito discernimento, não precisando mais fazer nenhum esforço nessa direção; sattwa guna se torna predominante na mente; na sexta etapa, os três gunas desaparecem e chitta (o sentimento sutil) se acalma; finalmente, só resta o Eu.

◎ ◎ ◎

2.28 | Pela prática das várias ramificações do yoga, as impurezas são eliminadas; a luz da sabedoria pura e do discernimento começa a brilhar.

◎ ◎ ◎

2.29 | Os oito membros do yoga são: 1, *yama* (autonegação); 2, *niyama* (observância); 3, postura; 4, retirada da energia; 5, interiorização da mente; 6, concentração; 7, meditação; 8, absorção.

Discutiremos cada um desses oito "membros", em pormenor, mais adiante. No momento, darei apenas uma visão geral deles.

Primeiro, é preciso entender que este não é o sistema de *Patanjali*, criado por ele. Patanjali apenas delineou as etapas pelas quais todo buscador espiritual deve passar, independentemente de sua religião ou do caminho para Deus.

Em segundo lugar, embora esse seja o *caminho* universal para Deus, a palavra que Patanjali emprega para as etapas é *membros*. E o motivo disso é que o primeiro não pode ser totalmente aperfeiçoado até que os outros, inclusive o último, também o sejam. Daí a comparação das "etapas" com os membros do corpo — oito, neste caso, e não quatro —, todos interdependentes.

Em terceiro lugar, Patanjali não recomenda propriamente práticas, e sim estados de perfeição. Não diz "Faça isto", mas "Seja isto". Existem coisas diferentes e específicas que podemos fazer para atingir esses estados de ser, mas eles permanecem inalterados, embora a cultura, a religião e a pessoa variem.

◉ ◉ ◉

2.30 | Os *yamas* consistem de não agressividade (ser inofensivo), não falsidade (ser sincero), não cobiça, continência e desapego.

No caminho da correta ação espiritual, há cinco atitudes que devemos evitar e cinco atitudes que devemos cultivar. Em outras palavras, o "sim" e o "não" de cada ato. Todas essas atitudes devem ser vistas primariamente como atributos mentais, não como comportamentos específicos.

Assim, dos cinco *yamas*, o número um, *ahimsa* ou *não agressividade* (ser inofensivo), significa originalmente não desejar o mal para nenhuma criatura viva – ou mesmo objeto. Não é possível, neste mundo, jamais pisar em formigas inocentes, por exemplo. Quando respiramos, inalamos e matamos incontáveis criaturas minúsculas e indefesas. Quando comemos, ainda que apenas vegetais, não se pode deixar de matá-los pelo cozimento e, na verdade, pela ingestão. Se você for surpreendido por um tigre na floresta, é melhor matá-lo do que deixar que ele o mate – pela simples razão de que o homem está acima da fera na escala evolucionária. Se alguém ameaçar destruir uma aldeia inteira, mais vale sacrificá-lo do que permitir que ele chacine centenas de pessoas.

Eu estava em Sevilha, na Espanha, há alguns anos. Um guia me mostrava o velho castelo. Dizia ele: "Afonso X e seu pai, Fernando, expulsaram quase todos os mouros do país, mas o sucessor de Afonso, Sancho, mostrou-se mais tolerante".

"Tolerante", perguntei, "ou indiferente?"

Há ocasiões em que princípios superiores exigem total comprometimento com uma guerra justa. É preciso fazer o mal para impedir a perpetuação de um mal maior. Impor nossas crenças aos outros é errado; mas não deixar que os outros (pela violência) nos imponham as suas é certo – porque é necessário.

A guerra de Kurukshetra no Bhagavad Gita é na verdade um símbolo da luta interior que todo ser humano deve travar, em sua consciência, entre o certo e o errado. Exteriormente, esta é também uma verdade: devemos nos ater aos nossos princípios e não permitir que ninguém os enfraqueça com palavras do tipo "Sejamos tolerantes". Tolerar o mal é errado. O mal deve ser combatido.

Tudo, neste mundo, é relativo. Há o bom, o muito bom e o melhor; e há o mau, o muito mau e o pior. O princípio da relatividade se aplica aos méritos e deméritos da ação tanto quanto à qualidade das coisas. Os *yamas* não podem, portanto, ser aplicados em caráter absoluto, como algumas seitas tentam fazer. O importante é não *desejar* o mal de ninguém – nem mesmo, repito, de um objeto inanimado. Com efeito, o verdadeiro pecado consiste em *querer* prejudicar, magoar, infligir sofrimento. Até as palavras – *principalmente* elas! – podem provocar danos. Meu guru costumava dizer: "As pessoas afirmam que as mulheres são mais fracas que os homens; mas uma mulher com quinze centímetros de língua pode matar um homem de dois metros de altura!".

Tão valiosa quanto a não agressividade é a bondade, sem dúvida, pois quando alguém deixa de querer o mal dos outros, brota naturalmente em seu coração o sentimento de benevolência profunda para com todos.

2. Não falsidade (ser sincero) significa (de novo) cultivar acima de tudo a honestidade em pensamento. Às vezes, é melhor recorrer à imaginação generosa. A benevolência é o principal critério, pois a verdade divina é sempre benéfica. Se você visitar um amigo no hospital e perceber em seu rosto uma palidez mortal, não diga "Céus, você está *péssimo*!", mas antes "Bem, você já esteve melhor". Use a verdade benéfica sempre porque a Verdade (em sua acepção autêntica, divina) é benéfica.

Não raro, quando se quer ser absolutamente sincero, o melhor é não dizer nada. Se uma mulher lhe faz uma pergunta trivial como "O que você acha de meu vestido?", e você o acha feio, responda: "Bem, não posso dizer que gosto dele, mas o importante é você gostar. Gosto não se discute. Creio que devemos usar aquilo que nos agrada". Não é uma boa tática? Sou conhecido por dizer as coisas *claramente*, portanto, se isso não lhe convier, descubra outra fórmula que seja delicada, mas não comprometa sua integridade.

3. Não cobiça significa não desejar nada que já não seja seu. Usufrua as coisas, mas sem apego pessoal; não lhes atire, a partir do coração, ganchos de ferro — os ganchos do ego!

Yogananda visitou certa vez o Radio City Music Hall de Nova York. Disse a si mesmo: "Paguei a entrada. Portanto, tudo aqui é para meu gozo". Percorreu as instalações, apreciando cada detalhe. "Ao sair", contou ele, "devolvi o edifício aos donos com a maior gratidão." A gratidão, estou certo, não foi apenas por tudo o que viu, mas também por tudo o que não cobiçou.

Você pode apreciar um pôr do sol sem cobiçá-lo. Por que então, quando vê alguma coisa neste mundo que o agrada, você deseja tê-la? Aprecie tudo com a alegria de Deus.

O lado positivo da não cobiça é a consciência de que você já *é* tudo! Quando conhecemos Deus, tornamo-nos um com tudo o que existe.

4. A continência deve ser conceituada negativamente. Como os outros *yamas*, podemos dizer que ela é a não indulgência com o sexo. Realmente, esse *yama*, embora negativo, é *brahmacharya*, que significa "fluir com Brahma". A continência, para a maioria das pessoas, constitui uma proibição assustadora. O sexo, como meu guru dizia, é a maior das ilusões. O desejo sexual é que imprime a direção externa das energias da pessoa e, portanto, a envolve nas outras ilusões: desejo de riqueza, entorpecentes como o álcool e as drogas, fama, poder e todos os guerreiros do mal descritos no Bhagavad Gita.

O sexo desvia os pensamentos para o exterior. Entretanto, o sentido do tato, quando tem sua natureza modificada, é que percebe a bênção divina no espaço.

A única função do sexo é manter o mundo povoado. Mas Yogananda explicou que Adão e Eva, no Jardim do Éden, podiam se reproduzir sem o coito. Eva, inspirada por Adão, convidou almas compatíveis do plano astral a entrar para a sua família. A energia dela, combinada com a dessas almas astrais prontas para reencarnar, materializou seus corpos — primeiro, na forma miúda dos bebês. A árvore no centro do jardim era a coluna. O fruto proibido era o prazer do sexo.

Meu guru me disse "Os homens são mais atraídos pelo sexo do que as mulheres, mas estas também têm seus problemas: são mais atraídas por *maya* (ilusão)". Quantas coisas insignificantes as fascinam! Elas dão atenção exagerada à aparência, o que é claramente uma forma de egoísmo. A mensagem às mulheres num cartaz da época da Segunda Guerra Mundial era a seguinte: "Entre para a Marinha e permita que o mundo a veja!".

O sexo, porém, continua sendo a principal ilusão humana. As garotas não têm o mesmo interesse no ato sexual que os rapazes, mas gastam mais tempo (pelo menos é o que me parece) falando em rapazes do que estes falando em garotas.

Os homens, em consequência de seu impulso sexual, muitas vezes se tornam agressivos, o que é certamente um sintoma negativo da consciência egoísta. Mas o principal motivo para se evitar o prazer sexual a todo custo é que ele esgota as energias do corpo. Segundo meu guru, uma única ejaculação de esperma equivale à perda de mais de um litro de sangue. Para descrever o efeito do sexo no homem, existe a expressão "Parece um recém-casado no último dia da lua de mel!"

A direção natural da energia do macho é para fora, da mesma forma que seu órgão viril é externo. A energia da fêmea, ao contrário, se volta mais naturalmente para dentro, pois seu órgão é interno.

As mulheres também pagam caro, em termos de energia, pelo prazer sexual, embora seu sacrifício seja mais em virtude do parto. No entanto, as que se entregam com muita frequência a essa prática envelhecem prematuramente. Meu guru afirmou que elas podem se tornar estéreis, devido ao excesso de calor masculino que penetra em seu corpo. Devem-se levar em conta, igualmente, seus inevitáveis períodos mensais — que são por si sós uma drenagem.

Há sem dúvida uma certa beleza no romance, mas como é passageira! Parece um pórtico florido para uma existência de sofrimento cada vez maior a dois! Meu guru dizia da mulher: "Ela se senta como uma rainha, governando o homem porque o homem não sabe se governar". E do homem: "Comete abusos pela mesma razão — não consegue ter autocontrole". A razão básica de nosso desencanto final e inevitável com as realizações humanas é que estamos todos destinados a uma realização maior: a união de nossa alma com a bem-aventurança de Deus. Nada mais pode nos satisfazer por muito tempo.

O autocontrole sexual é indispensável no caminho espiritual. Ele gera uma reserva vital de energia no corpo e permite à pessoa dirigi-la para cima, para o cérebro. Quem sabe se controlar (sobretudo os homens) se torna mentalmente brilhante.

Aqueles que não conseguem um controle total devem pelo menos se moderar o máximo possível, direcionando aos poucos a mente e a energia para um nível superior. Krishna, no Bhagavad Gita, diz: "De que vale a (mera) supressão?". Quando você praticar o ato sexual, não se entregue a ele mentalmente; observe-se com objetividade e diga a si mesmo: "Por dentro, sou livre!".

O lado positivo da continência é que ela nos ajuda a amar toda a humanidade, homens e mulheres igualmente, como a nós mesmos em Deus. No casamento, a continência intensifica o amor entre marido e mulher. Além disso, ela é de grande ajuda para superar a consciência do ego.

Para usufruir plenamente os benefícios da continência é necessário que a pessoa se abstenha completamente de sexo por pelo menos doze anos — um ciclo inteiro de Júpiter.

5. O desapego é o quinto *yama*. Em algumas traduções, tem o sentido de não aceitação de presentes. Meu guru, porém, os aceitava — como muitos outros santos que conheci. Não o fazer seria indelicadeza. A finalidade única de não aceitar presentes é fortalecer o desapego. Este *yama* é, pois, uma qualidade mental, não um comportamento exterior.

O fruto positivo do desapego é a total liberdade interior. A não cobiça, terceiro *yama*, consiste em não desejar aquilo que não temos. O desapego consiste em não considerar nosso aquilo que temos. Uma boa prática para desenvolver essa qualidade é dar de boa vontade aos outros algo que é nosso e que eles cobiçam.

Sinta que suas posses são apenas um empréstimo de Deus. Elas não lhe pertencem realmente.

E seus filhos? Eles também não lhe pertencem! Deus os enviou a você e os tomará de volta quando quiser. Se um filho seu morresse e renascesse na casa do vizinho, você provavelmente nem sequer o reconheceria.

E quanto à sua esposa ou ao seu marido? Aos outros parentes? O amor decerto lhe trará de volta todos aqueles a quem você ama agora. Mas, no longo e sinuoso caminho das incontáveis encarnações, você só tem realmente um amigo: Deus. Cultive sua amizade com Ele porque, como Jesus disse, "tudo o mais lhe será acrescentado".

Repita sempre para si mesmo: "Não preciso de ninguém, sou livre dentro de mim! Não preciso de nada, sou livre dentro de mim! Sou livre, sempre livre dentro de mim! Sou bem-aventurado, livre, livre dentro de mim!".

◉ ◉ ◉

2.31 | Essas realizações, não sujeitas a limites de tempo, lugar ou circunstância, são os Grandes Votos.

Podemos chamá-las de votos ou resoluções, mas são "grandes" porque pressupõem a realização concreta. São verdadeiras, como eu já disse, para todos. Quem quer que deseje paz de espírito, e muito mais quem anseie por encontrar Deus, fará bem em segui-las.

Por outro lado, também como eu já disse, só nos tornaremos *perfeitos* em cada uma delas depois de alcançar a perfeição pessoal no estado superior de samadhi.

◉ ◉ ◉

2.32 | Os *niyamas* (observâncias) consistem de pureza, contentamento, austeridade (aceitar a dor, mas não causá-la), autoestudo (introspecção) e abertura para verdades superiores.

1. Em algumas traduções, em vez de "pureza", usa-se "limpeza". As duas palavras servem. Impuro ou sujo é aquilo que obscurece a presença de Deus. Quem não se lava regularmente — várias vezes por dia nos climas quentes — encontra muita dificuldade em superar a consciência do corpo. Ser puro significa também evitar as más companhias; não contar nem ouvir piadas sujas; afastar-se

de pessoas cujo vocabulário é agressivo, jactancioso ou grosseiro; e não conviver com gente cuja conversação está firmemente ligada ao ego e ao desprezo pelos semelhantes.

2. O contentamento (*santosha*) é descrito no Mahabharata como a virtude suprema, pois dela decorrem todas as outras. Qualquer que seja o seu quinhão na vida, sinta-se satisfeito com ele. Há aqui uma verdade que não é evidente a todos: o contentamento, colocando-o em harmonia com a lei divina, garante que todas as suas necessidades serão atendidas. Ainda que seu karma seja pesado, se em meio ao fracasso, à perda e à decepção você se esforçar para permanecer contente, nada do que precisar lhe faltará.

O contentamento, com efeito, quando corretamente praticado, não é uma virtude passiva. Pressupõe, em todas as circunstâncias, uma atitude enérgica e vivaz.

O verdadeiro contentamento é um ato de fé divina e não um estado emocional, pois só floresce quando há serenidade interior. Dizer "Tenho uma bela casa, uma boa esposa, filhos adoráveis, uma renda considerável; estou satisfeito" é ignorar por completo a natureza do contentamento. A simples realização no mundo é uma condição: o verdadeiro contentamento não depende de nenhuma condição exterior. Depende da paz de espírito.

3. Austeridade significa impedir que a energia se disperse. Significa aceitar a dor, mas não causá-la. A autoprivação direciona a energia para atividades mais importantes, como a comunhão com Deus. Essa qualidade pode fomentar o orgulho e, nesse caso, se tornar sua própria inimiga. Convém, pois, praticá-la num espírito de benevolência, com a intenção de beneficiar a todos.

Aceitar corajosamente a dor exige força de vontade, mas também desapego mental do corpo. Para adquirir essa capacidade, comece devagar. Coloque um pouco de comida na boca e tente não sentir seu sabor. Tome um banho frio sem reclamar. Aceite de bom grado ofensas e insultos dos outros, sem se deixar afetar no íntimo pelo que eles dizem. Conte piadas sobre você mesmo. Quando alguém rir de você, ria também. A benevolência é a melhor maneira de superar as dores que nossos semelhantes nos infligem — até as físicas. De fato, a atitude benevolente para com o corpo diminui ou até elimina qualquer dor ali sentida. E, obviamente, é também uma maneira de suprimir quaisquer impulsos de magoar os outros.

Quando uma pessoa se empenha realmente naquilo em que acredita, dispõe-se até a morrer para concretizá-lo.

4. A palavra *swadhyaya* é às vezes traduzida como "estudo das escrituras". *Swa*, porém, significa o eu. Portanto, o objeto de estudo é o eu. Autoestudo quer dizer muito mais que introspecção, pois tem também o sentido de "autoconsciência". Um exemplo: hoje estou velho e perdi um pouco a firmeza no andar. Mas, como um aspecto importante, acho isso uma bênção, pois agora preciso tomar mais cuidado com qualquer movimento para não tropeçar e cair! Qualquer que seja a sua idade, preste muita atenção aos seus passos, ao modo como se senta, ao tom de sua voz, à maneira como reage aos outros e ao grau de interesse que mostra por eles.

Preste atenção também ao modo como ri. Algumas pessoas gargalham como macacos! Outras riem baixo, revelando indiferença para com os semelhantes. Outras, ainda, num tom nasal, que denuncia um intelecto orgulhoso. E há quem ria de maneira afetuosa e envolvente. Há muitos tipos de riso. Preste bem atenção no modo como os outros riem. Eles podem lhe servir de comparação para seu próprio comportamento — não para você criticar, mas para decidir como se apresentará ao mundo.

A autoconsciência é também um tipo de introspecção — não analítica, mas conducente às vezes à autoanálise.

Ou seja, a introspecção segue naturalmente na esteira da autoconsciência.

5. Em geral, diz-se que a abertura para verdades superiores é "devoção". Mas essa palavra significa muito mais que sentar-se em meditação ou ajoelhar-se numa igreja. Assim, empregá-la pode reduzir o horizonte a um tempo limitado todos os dias e a um determinado lugar no espaço. Na verdade, porém, todos os nossos pensamentos devem ser dirigidos, numa atitude de reverência, ao

espírito de Deus; todos os nossos atos devem ser atos de devoção. Devemos estar sempre abertos à orientação interior e às bênçãos de Deus, ainda que na forma de um aparente infortúnio.

◎ ◎ ◎

2.33 | Quando perturbado por pensamentos negativos, reflita sobre seus opostos polares.

Se pensamentos de antipatia por alguém o perturbarem, concentre-se em pessoas de que gosta. Se sentir raiva, diga a si mesmo: "Este mundo é de Deus, não meu! Ele sabe o que faz! Assumirei acaso a responsabilidade pelo que acontece?".

Dê amor quando lhe derem ódio. Veja nos outros o desejo pelo mesmo objetivo que você tem: a felicidade. Assim, amará a todos na Terra.

◎ ◎ ◎

2.34 | Quando pensamentos negativos brotam (na mente) ou quando a pessoa se sente compelida a perpetrar atos de violência em virtude do desejo, da cólera ou da paixão (ou quando cede a impulsos leves, moderados ou extremos) — tais pensamentos e impulsos se baseiam todos na ignorância e com certeza prejudicam a pessoa. Esta deve, então, refletir sobre seus opostos.

Pensamentos e impulsos negativos brotam às vezes na mente até de pessoas por natureza positivas. Lembre-se: temos uma vasta população de cidadãos morando nos "países" que chamamos de nossas personalidades. Mesmo os santos às vezes sentem o impulso súbito de xingar alguém. Esses pensamentos e impulsos precisam ser controlados; você não deve nunca ceder a eles. Mas se, num momento de fraqueza, *permitir* que eles o dominem, seja honesto consigo mesmo e não tente se desculpar ou justificar esse "deslize" da mente atribuindo-o a outra coisa que não sua própria ignorância.

Quando esses pensamentos ou impulsos surgirem em sua mente, preencha-a com seus opostos: diante do desejo, diga a si mesmo "Não preciso de nada! Quero partilhar tudo com todos!"; diante da cólera, procure aceitar o que quer que lhe aconteça, o que quer que as pessoas lhe digam ou façam; diante da paixão por alguém ou alguma coisa, pense "Só quero Deus! Dentro de mim, sou sempre livre!" Quando um rosto humano o assustar, evoque ardentemente uma imagem divina e diga a si mesmo "Esta é infinitamente mais bela!"

2.35 | Na presença de alguém que é absolutamente inofensivo, toda hostilidade cessa.

Mesmo os animais selvagens ficarão mansos em sua presença. Tamanha será sua aura magnética que, mesmo brigando entre si, as pessoas se mostrarão calmas e amigáveis diante de você.

Sei de muitas histórias de vidas de santos que corroboram a verdade dessas palavras. Najas recolhem seu capelo. Tigres se tornam dóceis como gatinhos. Criminosos se emendam.

A melhor resposta à ameaça de violência é projetar uma imagem inofensiva.

Mas lembre-se: quanto maior for a força contrária, maior deverá ser o magnetismo para enfrentá-la.

2.36 | A palavra de quem é absolutamente sincero tem poder sobre a realidade objetiva. (O que ele diz acontece.)

Ser sincero é estar em sintonia com as coisas da maneira como são realmente. No entanto, aqui me refiro a uma sinceridade dinâmica, baseada na constatação de que a própria verdade é inspiradora e vai muito além do fato puro e simples. Procure adequar ao máximo sua percepção àquilo que *é*, como expressão da bem-aventurança de Deus.

Se você falar sempre a partir desse nível de consciência, cada palavra sua terá eficácia.

◎ ◎ ◎

2.37 | Quem não cobiça acaba adquirindo todas as riquezas.

Se você não desejar o que é dos outros ou que não lhe pertence de direito, sentirá uma profunda tranquilidade interior — e essa tranquilidade gerará um magnetismo capaz de atrair todas as coisas de que precisa na vida.

Pela minha experiência pessoal, o que acontece é isto: quando aceitamos sem reclamar as coisas da forma como são, alimentamos uma expectativa de vida que, por seu turno, adquire magnetismo suficiente para atrair tudo de que necessitamos.

Desenvolvi a seguinte teoria quando estava na universidade: "Se você quer ter sorte, espere que ela venha até você e vá encontrá-la no meio do caminho". Essa atitude produziu impressionantes resultados em minha vida — e tantos que é impossível enumerá-los aqui. Mas, estudando Patanjali, percebo que este sutra, tal como ele o exprimiu, vem de encontro à minha própria experiência.

◎ ◎ ◎

2.38 | A pessoa que pratica a continência tem pleno vigor.

Já examinei essa verdade a fundo, anteriormente. Eis o que ocorre: o vigor penetra no corpo pela *medulla oblongata*, atraído pela força de vontade. "Quanto mais forte a vontade", disse meu guru, "maior o fluxo de energia." A continência não apenas fortalece a vontade como aumenta o fluxo de energia disponível.

◎ ◎ ◎

2.39 | Quem não tem apegos desenvolve a capacidade de se lembrar de vidas passadas.

A causa desse fenômeno é que o apego ao corpo, a lugares, posses, acontecimentos e características de nossa época faz com que esta encarnação pareça a única realidade existente. Quando o apego à realidade atual é superado, a visão que temos dela se expande naturalmente num campo maior.

◎ ◎ ◎

2.40 | Quem se torna totalmente limpo e puro espiritualmente já não suporta o contato físico com outros e com o próprio corpo.

O sentido do tato, mais que qualquer outro, é que desperta o desejo sexual. Assim, a pureza completa, física e mental, leva sem esforço à continência.

O aspecto positivo dessa tendência aparentemente negativa é que ela nos faz ambicionar apenas o toque da bem-aventurança pura.

◎ ◎ ◎

2.41 | Além disso, a pessoa adquire uma visão puramente *sattwica*, a capacidade de concentração absoluta, uma atitude jovial, o domínio dos sentidos e o acesso à comunhão interior.

A pureza começa a parecer cada vez melhor! Uma visão unicamente *sattwica* faz com que a pessoa só veja o lado bom das coisas. Aqueles que atribuem ao mundo, a si mesmos, aos filhos que crescem, à sociedade e ao autorrespeito o fato de verem só o lado negro das coisas não influenciam tudo e todos como aqueles que têm uma visão *sattwica* da vida e estão sempre alegres.

Todas as coisas boas, além do mais, provêm de sattwa: domínio dos sentidos, concentração e comunhão interior.

E todas elas dependem de uma consciência pura.

2.42 | O contentamento leva à felicidade suprema.

Não podemos atingir a verdadeira felicidade esperando tranquilamente por ela! Precisamos *decidir* ser felizes para ir além do mero contentamento e mergulhar num estado vital, de felicidade vibrante.

2.43 | A austeridade limpa a consciência das impurezas do corpo e dos sentidos, o que resulta no aparecimento de poderes especiais.

O jejum é uma das maneiras de limpar o corpo. Refrear os sentidos, impedindo-os de se distrair com o mundo exterior, deixa a mente livre para se concentrar naquilo que realmente importa. (Nos tempos modernos, as pessoas se submetem cotidianamente a um bombardeio de televisão, rádio, telefone, internet, etc.) Fortaleceremos nossa vontade se aceitarmos a dor estoicamente, mas sem nunca infligi-la aos outros.

Como, desse modo, a consciência fica livre de impurezas e distrações, algumas pessoas desenvolvem a capacidade de fazer com que as coisas aconteçam a seu gosto; de vislumbrar parte de suas vidas passadas; de ver no futuro; e de ficar cientes de acontecimentos distantes. Mas há outros poderes também. Todos os temos de forma latente, pois existem em todas as almas.

2.44 | O autoestudo e a introspecção promovem a comunhão com a *ishtadevata* ou forma escolhida de Deus.

Deus, é claro, não tem forma. Mas, como produziu todas as formas do universo, apareceu a incontáveis santos naquela a que eles eram mais receptivos.

E por que não? Isso não era fantasia da mente dos santos, mas uma expressão supraconsciente do próprio Divino.

Como o autoestudo propicia tais resultados? Mais uma questão! Sem dúvida, há mais significados nas palavras "autoestudo" e "introspecção" do que esses conceitos possam sugerir. A tradução mais comum, "estudo das escrituras", passa tão longe do alvo que é quase risível. Contudo, mesmo nela existe a ligeira percepção de um significado mais profundo. *Swadhyaya* quer dizer, principalmente, autopercepção de um tipo superior — percepção do verdadeiro Eu, em suma. Quanto mais consciente a pessoa se torna de seu Eu superior — a parte que não se envolve em atividades exteriores, mas permanece dentro dela, observando todos os movimentos de sua vida —, mais essa pessoa apura a percepção do divino, que reside em seu íntimo.

2.45 | Pela completa abertura a Deus, alcança-se o *samadhi*.

Em muitas traduções, lemos "Pela completa rendição a Deus"; mas a palavra "rendição" lembra alguém encostado à parede, sem escapatória possível e como última opção, para salvar a própria pele, entregando-se a um inimigo. Nenhuma dessas imagens se aplica a uma pessoa que aspira desesperadamente à unidade com Deus! Pois é justamente isso que entendo por abertura completa. Sim, devemos *por vontade própria* nos entregar a Ele completamente.

Quando nada mais houver em nós distanciado de Deus, só então alcançaremos o *samadhi*.

2.46 | *Asana* (o terceiro "membro" de *Ashtanga Yoga*) é a postura sentada firme, confortável e descontraída.

Meu guru explicava essa postura como aquela em que a coluna é mantida reta, com o corpo relaxado.

Essa passagem, convém notar, é a única dos *Yoga Sutras* em que os entusiastas do yoga físico apoiam sua autoridade escritural. Isso é falso! No entanto a própria palavra "yoga" se tornou na mente popular um sistema de complicadas posturas físicas. O Hatha Yoga (nome do sistema) não deixa de ser uma ótima maneira de manter o corpo em boa condição; mas é um grande engano identificá-lo com os ensinamentos de yoga de Patanjali.

A finalidade de *asana* é capacitar a pessoa a superar a consciência do corpo. Uma coluna reta se faz necessária, pois quando meditamos a energia deve poder subir livremente por ela. A melhor maneira de relaxar o corpo completamente é, primeiro, inspirar e contrair todos os músculos com tensão igual; em seguida, expirar e descontraí-los. Faça isso três vezes. Depois, permaneça imóvel pelo maior tempo possível. Você dominará a *asana* se conseguir ficar completamente parado, com a coluna reta, por três horas. A imobilidade lhe permitirá tomar consciência das energias internas de seu corpo.

⊚ ⊚ ⊚

2.47 | Reduzindo a tendência natural para a inquietude e visualizando o infinito, adquire-se a postura correta.

O estado de *asana* consiste em ficar sentado imóvel, resistindo à tentação de olhar em volta, coçar-se, mexer-se, espirrar ou engolir. Ajudará muito se você também visualizar o espaço infinito ao seu redor.

Meu guru aconselhava a pessoa, já perfeitamente quieta após a última expiração deliberada, a olhar milhões de quilômetros pelo infinito, à esquerda, à direita, à frente, atrás e acima. Visualize-se sentado, sem corpo, suspenso na vastidão do espaço.

Só então inicie as práticas meditativas.

⊚ ⊚ ⊚

2.48 | A partir daí, as dualidades deixam de perturbar (a mente).

Depois de eliminar assim a percepção da realidade objetiva com seus altos e baixos, suas esperanças e seus desapontamentos — sua natureza essencial, em suma —, você estará preparado para se aprofundar na meditação.

2.49 | A próxima etapa na meditação é acalmar o fluxo da força vital interior.

Pranayama, como eu já disse, aparece usualmente nas traduções como "controle da respiração". Mas *prana*, na verdade, significa "energia". No corpo humano, há uma estreita relação entre as duas coisas. Quando a força vital interior é perturbada, a respiração se torna irregular. Quando a força vital está serena, a respiração se acalma. É a força vital, em última análise, que controla a respiração, mas também podemos usar a respiração — deixando-a calma e consciente, por exemplo — para regular ou acalmar a força vital. Portanto não é um erro tomar o controle da força vital (a energia do corpo) pelo controle da respiração.

Ao meditar, é importante não apenas deter os movimentos do corpo, mas também, a seguir, encaminhar a força vital dos sentidos para a coluna. Na morte, a força vital segue esse mesmo processo, que entretanto não é usualmente reversível pela força de vontade. Na meditação, o processo fica sob o controle da vontade. A energia vai para a coluna, e os "telefones dos sentidos", como Yogananda costumava dizer, são silenciados. Só então se pode, verdadeiramente, começar a meditar. Mas espere! Há mais: em seguida, a própria mente precisa ser interiorizada! E não é só isso o que precisamos aprender sobre o controle da energia vital.

2.50 | Durante a respiração (portanto, em pleno fluxo da energia vital), devemos enfatizar a inspiração, a expiração e a imobilidade. Atentemos para o espaço penetrando o corpo (e não para a respiração do corpo); para o tempo da inspiração e da expiração (se são rápidas ou lentas) e para a contagem de cada entrada e saída — se o fluxo é curto ou longo.

Uma ótima técnica para aprender o controle, aqui, é a que ensinei antes, ao tratar do sutra 10 do primeiro livro. Simplesmente observe o fluxo do ar na parte superior das narinas, repetindo de si para si "Hong" ao inspirar e "Sau" ao expirar. "Hong" é na verdade um mantra *bij*, ou "semente", para *aham*, "eu", o *ahankara* (ego). A consciência do ego, como vimos, se localiza na *medulla oblongata*. Mas entoar "Hong" na base do nariz (no lugar em que o ar realmente penetra na cabeça, perto do ponto entre as sobrancelhas) conduz a consciência do ego, aos poucos, para seu polo positivo no olho espiritual, a sede da iluminação supraconsciente. Os outros elementos sobre os quais devemos pensar (espaço, rapidez e números) são apenas meios para manter a mente focalizada no que a pessoa está fazendo.

⊚ ⊚ ⊚

2.51 | Existe um quarto tipo de *pranayama*, que ocorre durante a interrupção da respiração, quando a pessoa se torna inconsciente do mundo exterior e do corpo.

Meu guru costumava dizer "Não respirar é não morrer". Os tradutores fizeram uma grande confusão com a última frase deste sutra, mas a interrupção da respiração ocorre apenas depois que a percepção da realidade externa desaparece e a pessoa se torna cada vez mais consciente do espaço interior.

⊚ ⊚ ⊚

2.52 | Em consequência, o véu que oculta a luz interior é removido.

O olhar divino está sempre presente. Ocorre apenas que escapa à nossa visão. Quando o véu é removido, a luz se faz visível. E não precisamos fazer nada!

⊚ ⊚ ⊚

2.53 | Então a mente se torna apta para a (verdadeira) concentração.

A verdadeira concentração só ocorre quando todas as distrações são eliminadas.

⊚ ⊚ ⊚

2.54 | O quinto estado no caminho da contemplação é conhecido como *pratyahara*: interiorização da mente, quando os sentidos são anulados e *chitta* (sentimento essencial) se acalma.

A concentração *real* é impossível antes de se atingir a fase de *pratyahara*. Meditação real significa concentração absoluta na Verdade Interior. A concentração, dizia meu guru, é a capacidade de enfocar uma só coisa por vez. Meditar é voltar essa concentração para Deus ou um de Seus atributos (paz, serenidade, bem-aventurança, amor, poder, som, luz e sabedoria).

⊚ ⊚ ⊚

2.55 | Segue-se então o domínio cabal dos sentidos.

Convém notar que Patanjali não diz "domínio permanente". Refere-se apenas ao domínio obtido durante um determinado dia de meditação. O devoto sagaz perceberá seguramente que ainda resta muito trabalho a fazer! Precisamos considerar ainda *dharana* (a concentração em si), *dhyana* (meditação) e *samadhi* (unicidade).

É fácil entender então por que os eremitas se retiram para as cavernas do Himalaia para meditar!

Fim do Segundo Pada

Vibhuti Pada
O TERCEIRO LIVRO

As Realizações

3.1 | *Dharana* **é concentração: o ato de fixar toda a atenção em um lugar, um objeto ou em uma ideia por vez.**

Sempre me impressionou o fato de não ser incomum que bons empresários e pessoas bem-sucedidas em outras esferas mundanas revelem tendência para o progresso espiritual. O discípulo mais avançado de meu guru, com efeito, obteve grande êxito no mundo dos negócios. Quanto a mim, crescendo num ambiente de empresários, acabei por rejeitá-lo com desdém. Deus e a verdade eram o que importava em minha vida, não o "lucro sujo". Depois de conhecer meu guru, precisei repensar alguns de meus valores. E admito: isso me deixava às vezes um tanto abalado!

Mas fatos são fatos. A capacidade de concentração total é mais importante que quaisquer valores estéticos! Meu interesse em arte, música e literatura não passa de uma característica humana; não é necessariamente espiritual.

Duvido que muitas pessoas capazes de concentração profunda alcancem realmente o estado descrito por Patanjali como *dharana*. Não obstante, quando alguém se concentra com atenção quase total num problema, por mais mundano que este seja, tem milhares de vezes mais probabilidade de solucioná-lo.

Assim, de momento, abordemos a concentração nas áreas mais mundanas da vida. Todos nós temos no íntimo, em estado latente, a faculdade da intuição, que pode nos conduzir ao cerne do problema sem que tenhamos de raciocinar nem um pouco sobre ele.

A ciência, nesse caso, errou o alvo por uma larga margem. Mesmo os exames de QI, que medem o chamado "quociente de inteligência" das pessoas, não conseguem prever até onde chegará uma criança no mundo. Algumas, com QI altíssimo, acabam engraxando sapatos ou metidas em atividades nada dignificantes. Um garoto com 140 de QI namorava uma garota com menos de 100. Mas o que ele achava mais atraente na namorada não era (como se poderia esperar) sua beleza física, e sim sua *perspicácia* para resolver problemas e entender pessoas. Nessa área, ela tinha uma intuição claríssima.

Valorizamos muito, nos primeiros anos, o intelecto e não damos importância suficiente à perspicácia. A intuição é imprescindível para a compreensão lúcida. *Dharana* abre essa janela em nossa mente. Quanto mais calmos e distanciados das distrações exteriores formos, mais *saberemos*, de algum modo, se um investimento, por exemplo, será rendoso ou mesmo qual cavalo vencerá a corrida.

Há muitos anos, na Cidade do México, fiz amizade com um pai de família que era fanático por corridas de cavalo. Sua esposa e sua filha não tinham interesse algum no assunto, mas um dia resolveram acompanhá-lo. Não sabiam nada de cavalos. Uma vez que o objetivo único dessas corridas (pelo que entendo) é adivinhar qual cavalo vencerá, elas procuraram fazer isso baseando-se em seus próprios sentimentos — enquanto o homem apostava depois de consultar o catálogo. O que o impressionou, segundo me disse depois, foi que só perdeu enquanto elas só ganharam.

Se você quiser vencer num campo qualquer — qualquer mesmo —, desenvolva sua concentração, que ajudará muito a trazer à tona sua intuição latente.

Outro ponto deve ser enfatizado aqui: a intuição é, sobretudo, uma questão de sentimento. As mulheres, que obedecem muito ao sentimento — o macho de nossa espécie tende a analisar mais, a usar de preferência o intelecto —, são quase sempre mais intuitivas que os homens. O marido andaria bem se desse ouvidos às recomendações da esposa, principalmente quando dadas de maneira calma e séria.

O propósito real e mais elevado de *dharana* é, obviamente, a interiorização, a comunhão com o Eu superior. Passemos agora à próxima etapa do caminho do progresso espiritual.

◎ ◎ ◎

3.2 | *Dhyana* (meditação) é a concentração nos aspectos superiores da realidade.

Aqui, devo confessar, não me satisfazem nem um pouco as traduções de que tenho conhecimento. Todas dão a entender que, mesmo já tão avançados no caminho espiritual, continuamos rastejando na sarjeta da matéria. Ora, vamos! A finalidade última do yoga é conduzir a pessoa *além* das realidades materiais. Porém os tradutores desenterram expressões como "o fluxo contínuo de cognição em direção a esse objeto" e "um fluxo ininterrupto de pensamento dirigido para o objeto da concentração". *Que* objeto? Uma melancia?!

Yogananda simplificou tudo. "A concentração", disse ele, "consiste em fixar a mente em uma coisa de cada vez; a meditação, em voltar a mente concentrada para Deus ou um de Seus atributos."

Os atributos de Deus, ou modos pelos quais podemos nos comunicar com Ele, são, como já vimos, oito ao todo: luz, som, amor, sabedoria, poder, paz, calma e (o mais importante) bem-aventurança. A concentração se transforma verdadeiramente em meditação quando a mente concentrada se volta para um de Seus aspectos ou atributos.

Na meditação, não basta ouvir o som cósmico, ver a luz cósmica, fruir o amor ou a bem-aventurança. A pessoa tem de se absorver de tal modo nessa experiência que se torne uma com ela. É isso que define o estado superior: *samadhi*.

◎ ◎ ◎

3.3 | Quando o sujeito (a pessoa que medita) e o objeto de sua meditação (Deus) se tornam um, isso é *samadhi*.

As traduções deste sutra também são intelectuais e abstratas demais. Estamos falando de *Deus*: a fonte de todo amor, bem-aventurança e deleite no universo! Não falemos de objetos de concentração, de "verdadeira natureza do objeto fulgurante"! Tenho de dizer que, para o buscador sincero, tais frases são de revirar o estômago! Patanjali certamente nunca as escreveu.

O importante é entender que, pela meditação profunda em qualquer aspecto de Deus, a pessoa perde a autoconsciência e se absorve completamente no Aquilo. A pessoa que medita no amor se absorve num universo de amor. A pessoa que medita na luz se absorve nessa luz, expandindo-se para além dos limites do espaço material. (Sim, o espaço também é material! Yogananda o descrevia como uma vibração distinta, que separa o universo físico do universo astral.) Quem medita no som se absorve em AUM e se torna uma só coisa com ele no cosmos inteiro. E assim por diante!

Para falar ou escrever sobre essas coisas temos de ser *devotos*, não eruditos! Há diferentes tipos de *samadhi*: *samadhi* AUM, etc. O intelecto erudito, dependente como é da razão (cujo maior problema é a tendência a alimentar o ego), não consegue dar sequer um passo à frente no caminho da iluminação. Tenho experiência disso. A razão foi, durante muitos anos, meu próprio caminho para a verdade. Graças a Deus pensei bem e, por fim, consegui escapar da armadilha!

Na razão não há inspiração, doçura, amor ou bem-aventurança verdadeiros. No entanto, Patanjali nos mostra o caminho para a Felicidade absoluta! O que os eruditos chamam de "verdadeira natureza do objeto fulgurante" é a realização final de todos os nossos anseios! Por que chamá-la de "objeto", como se fosse o mero equivalente de uma cadeira ou uma mesa?

Samadhi é um estado a ser visto e reverenciado de mãos postas. Os que o atingiram se referem a ele como o *summum bonum*, o bem supremo da existência. Sinto-me ofendido, confesso, ao vê-lo descrito como pouco mais que um peixe à venda no mercado.

Depois desse desabafo, direi apenas que *samadhi* significa o estado de união com Deus! Já discuti o assunto nas páginas anteriores.

3.4 | Quando essas três coisas (*dharana, dhyana* e *samadhi*) são dirigidas para seu objetivo, isso é *samyama,* sintonia e absorção.

Samyama é o estado de identificação com a coisa percebida.

3.5 | O domínio de *samyama* acarreta a compreensão intuitiva.

Intuição não é imaginação. É a compreensão que vem de dentro, que penetra na natureza íntima das coisas. Isso é *samyama*.

3.6 | A prática de *samyama* deve ser feita por etapas.

Os *yamas* e *niyamas* exteriores admitem etapas claras e óbvias. O caminho mais sutil de *samyama*, embora menos facilmente diferenciado, também exige um passo curto por vez.

3.7 | *Dharana, dhyana* e *samadhi* são mais internos que os outros cinco membros.

Não vejo necessidade, aqui, de nenhum comentário.

3.8 | Mesmo esses três são exteriores ao *samadhi* improdutivo.

Moksha, ou libertação final, nos conduz para além do estado de *jivan mukta*, no qual ficamos livres enquanto vivos. Já expliquei isso antes. Com *nirbikalpa samadhi* nos livramos de quaisquer riscos de regredir ao ego. Mas ainda nos lembramos de todas as encarnações passadas, reconhecendo-as como o jogo de Deus; a identificação do ego com cada uma delas deve ser erradicada.

Quando completamente livre, a alma mergulha de novo naquilo que Yogananda chamava de "estado de atenção".

Ensinam-nos que não perdemos nada em Deus. Por isso Krishna, no Bhagavad Gita, repete a mesma verdade: nada se perde. A cólera se transforma em aceitação e perdão. O ódio se transforma em amor. O maior dos sofrimentos se realiza em bem-aventurança. Uma coisa, no entanto, parece se perder irremediavelmente por toda a eternidade: o ego. Mas não! Mesmo que a alma por fim se confunda com Deus, persiste na Onisciência a *lembrança* de sua existência separada Dele. Assim, se o devoto orar para uma pessoa, será ela especificamente, e não algum tipo de abstração divina, que lhe responderá. Jesus Cristo, embora totalmente fundido com Deus, desceu à Terra como uma encarnação divina, mas não porque o próprio Deus tenha assumido forma humana; ele desceu como alma plenamente liberta, que passou por incontáveis encarnações no plano terrestre e podia falar ao povo com base em sua própria experiência da verdade, não como alguém que, por ser uma criatura de origem divina, jamais conheceu a dor e o sofrimento do mundo.

◎ ◎ ◎

3.9 | Em *sabikalpa* (*samadhi* inferior) ainda subsistem, latentes, impressões da realidade objetiva.

Ninguém parece entender bem o que este sutra significa. Da maneira como o redigi, em palavras bem diferentes de pelo menos uma tradução ("Dada a unidade da memória e das impressões, há relação de causa e efeito mesmo entre elas"), reproduzi a explicação desse estado segundo meu guru.

Em *sabikalpa samadhi*, a pessoa retém o senso da realidade de seu ego, do mundo que a cerca (tal qual o percebe pelos sentidos) e das chamadas "realidades" que o ego conhece. Se ela encara isso tudo com relação à realidade cósmica, estas coisas assumem aos seus olhos uma importância reduzida. Mas se considera a visão cósmica numa relação inversa com seu ego e as realidades mesquinhas, mundanas, por este percebidas, tais realidades assumem para ela, ao contrário, uma importância universal — e seu próprio ego, especialmente, fica inflado a ponto de se julgar infalível.

◎ ◎ ◎

3.10 | Quando seu fluxo de percepção se torna forte e contínuo (após a suavização dos *vrittis*), esse fluxo (ascendente) passa a fazer parte de sua própria natureza.

Quanto mais o meditador entra no estado de *samadhi* e experimenta o forte fluxo ascendente de energia na coluna, mais sua libertação do ego e do corpo lhe parece uma coisa natural.

◎ ◎ ◎

3.11 | À medida que as distrações se desvanecem e a atenção se intensifica, aumenta a identificação com o estado de *samadhi*.

Isso parece suficientemente claro. Quanto mais o estado de *samadhi* se torna uma realidade, mais a pessoa se funde com ele.

◎ ◎ ◎

3.12 | Quando as ondas das impressões passadas e presentes se acalmam, sobrevém a completa paz interior.

A Criação Cósmica inteira existe apenas como ondas de vibração na superfície do grande oceano do Espírito. Quando essas ondas se acalmam na consciência do yogue, ele passa a viver na serenidade perfeita do Espírito, ainda que a Criação continue a existir.

3.13 | Assim foi descrita a transformação de uma falsa realidade em sua essência imutável.

Só o Espírito é real. O mundo em que vivemos é uma manifestação irreal dessa consciência. Assim como sonhamos à noite, imaginando-nos em diversos papéis dramáticos, também Deus sonhou o universo: esta é a Sua trama. A essência de tudo se revelará a nós um dia, mas como um sonho de nossa própria consciência expandida.

3.14 | A mudança só existe em *Prakriti* (Natureza), que passa por estados dormentes, emergentes e potenciais.

Vemos essas mudanças na sequência das estações: da primavera para o verão, o outono e o inverno. Mas as mudanças da Natureza também estão longe da percepção humana. Há *Pralayas* ou destruições localizadas que podem afetar apenas um planeta ou um pequeno grupo de planetas, e não a galáxia inteira, para não dizer o universo. *Maha-Pralaya* é o grande cataclismo que ocorre quando tudo é retirado, por algum tempo, da manifestação exterior — tempo que equivale a um Dia de Brahma. Nessa Noite de Brahma, como se costuma chamá-la, *Prakriti* ou Natureza mergulha num estado latente ou letárgico. Continua existindo, como também os incontáveis seres que ainda não alcançaram a libertação. Quando amanhece um novo Dia de Brahma, tudo retorna à manifestação, no mesmo nível de evolução espiritual que tinha no início do último *Pralaya*.

A mudança só ocorre na manifestação exterior. O Supremo Espírito é eterno, sempre consciente, sempre novo, sempre imutável.

3.15 | A sucessão de mudanças (na Natureza) é um estímulo para a evolução.

A evolução está longe de ser o acidente que Darwin descreveu. Ela é motivada de dentro, por um impulso irresistível do próprio átomo para atingir uma autoconsciência cada vez maior. Os estímulos externos também atuam como um acicate que impele as formas de vida na direção de etapas evolutivas cada vez mais elevadas. A fome obriga-as a migrar. O frio ou o calor fora de época forçam-nas a fugir ou adaptar-se. Os animais inferiores não possuem a inteligência do homem, mas o leopardo sabe, abaixando-se, aproximar-se de sua presa. Quanto mais o homem estuda a Natureza, mais maravilhosa lhe parece a inteligência dos bichos. Mesmo as vicissitudes de um mau karma podem ser benéficas, pois obrigam a pessoa a repensar suas prioridades.

3.16 | Da sintonia ou fusão (*samyama*) com os três tipos (básicos) de mudança — nascimento, vida e morte — provém o conhecimento do passado e do futuro.

Essas mudanças universais não passam de ondas na superfície do oceano. Fundindo-se com o elemento imutável camuflado por essas três mudanças, a pessoa desenvolve a capacidade de conhecer sua realidade subjacente. Em virtude de estarmos envolvidos de perto nessas mudanças, vemos a vida dia a dia e momento a momento. Mas, quando percebemos que a alma não nasce nunca, nunca vive realmente na Terra e nunca morre, o mergulho, a partir do nível espiritual, na imutabilidade subjacente a tudo que vive, torna possível à pessoa ouvir a vasta sinfonia da qual este breve compasso, nossa existência atual, logo silencia.

3.17 | Graças à prática da sintonia (*samyama*) com um vocábulo, seu conteúdo e os sentimentos que daí decorrem, a pessoa consegue captar o significado profundo de qualquer palavra.

Os pensamentos têm uma influência mais universal do que se imagina. Eu estava na Suíça alemã, há alguns anos, quando alguém me perguntou como se dizia alguma coisa em italiano. Respondi: "Aqui, estamos rodeados de pessoas que pensam em alemão. Quando chegarmos a Lugano, na Suíça italiana, acho que saberei lhe dar essa informação". De fato: tão logo alcançamos Lugano, onde as pessoas pensavam em italiano, a resposta brotou sem tropeços em minha mente.

Outro exemplo da realidade dos pensamentos: há algum tempo, morei num bairro muito tranquilo de San Francisco. Mesmo na hora do *rush*, eu mal ouvia o ruído do trânsito. Ainda assim, às três horas da manhã, quando a maioria das pessoas estava dormindo, eu percebia uma calma no ar bem mais profunda que o silêncio exterior.

3.18 | Graças à sintonia (*samyama*) com as impressões latentes na mente, a pessoa consegue se lembrar de suas vidas passadas.

A meditação profunda sobre os impulsos e as impressões latentes desperta lembranças claras de nossas vidas anteriores. Todos encontramos amigos — um número incontável deles — de outrora; enfrentamos situações que evocam outras pelas quais passamos antes; temos a sensação do *déjà-vu* ao visitar lugares onde nunca estivemos nesta vida. Essas sensações não são absolutamente corriqueiras. A sintonia (*samyama*) com elas torna-as dinâmicas em nossa consciência.

3.19 | A sintonia (*samyama*) com o ato de distinguir marcas no corpo de outra pessoa leva a conhecer a natureza de seus pensamentos.

É fácil reconhecer o caráter de uma pessoa pelo modo como ela se senta, anda, fala e olha para nós. As maneiras de fazer isso são inumeráveis. Minha capacidade de "distinguir marcas" é limitada, mas, se Patanjali se refere a algo simples como olhos baixos e boca encurvada, creio que posso ler essas marcas. Suspeito, porém, que ele aluda a coisas bem mais sutis.

O doutor Lewis, primeiro discípulo de Kriya Yoga de Yogananda na América, contou-me esta pequena e pitoresca história: "Um dia, o mestre me perguntou: 'Poderia tirar a camisa, doutor?'. Fiz isso. Ele se pôs a andar à minha volta, observando meu torso. Depois, perguntou: 'Poderia tirar também as calças?'. De novo, obedeci e ele me observou por mais algum tempo. Em seguida, pediu: 'Poderia tirar a cueca?'. Tirei-a, embora confuso quanto ao que ele pretendia. Outra vez, o mestre se pôs a girar ao meu redor, estudando-me com o maior cuidado. Por fim, declarou: 'O senhor tem um bom karma, doutor!'. E deixou que eu me vestisse."

3.20 | *Samyama*, neste caso, não se refere ao conhecimento dos motivos ocultos de uma pessoa.

A discussão de motivos exige outro *samyama*, de que trataremos no sutra 3.35.

3.21 | *Samyama* com o corpo ou a luz que o circunda pode tornar o corpo invisível.

Na *Autobiografia de um Iogue*, há várias menções de yogues que se tornam invisíveis. Yogananda dava a isso o nome de "aura de invisibilidade".

Todos podemos realizar tal feito, mas não de maneira tão dramática. Se nos sentarmos num local público e nos considerarmos invisíveis, os outros — mesmo amigos — não notarão nossa presença. Ou seja, *pensando-se* invisível, você passará despercebido, embora os outros o vejam.

◎ ◎ ◎

3.22 | Assim também, sons (e outras sensações) podem ser forçados a desaparecer.

Tudo é manifestação de vibrações. A pessoa que está além de todas as vibrações pode controlá-las neste universo vibratório.

◎ ◎ ◎

3.23 | Os karmas são de dois tipos: os que se manifestam instantaneamente e os que se manifestam com mais lentidão. A sintonia (*samyama*) com esses diferentes tipos, aliada à observação de certos presságios de morte, permite ao yogue saber exatamente quando morrerá.

Aquele que tem o poder de abandonar seu corpo conscientemente na morte é sensível às forças que se combinarão para tirá-lo dele.

◎ ◎ ◎

3.24 | Pela sintonia (*samyama*) com a afabilidade, a compaixão, etc., a pessoa adquire o poder de constatar essas qualidades nos outros.

Meu guru costumava dizer: "Se você vir um rosto triste, alveje-o com o projétil de seus sorrisos". E num nível bem inferior, o Departamento de Trânsito de Los Angeles popularizou este pequeno conselho aos motoristas: "A cortesia é contagiosa". Um santo realizado desarma até inimigos pelo magnetismo de seu amor.

◎ ◎ ◎

3.25 | Pela sintonia (*samyama*) com a força, a pessoa absorve até a força dos elefantes.

Isso se aplica a qualquer qualidade: força física, habilidade artística, talento nos negócios.

Certa vez, Yogananda se mostrou insatisfeito com uma pintura que encomendara a um artista. "De quanto tempo", perguntou-lhe, "você precisou para aprimorar sua arte?" "Vinte anos", respondeu o artista.

"Vinte anos!", exclamou o mestre. "Tudo isso só para se convencer de que podia pintar?"

"Gostaria de ver se o senhor conseguiria o mesmo no dobro desse tempo", replicou o artista, melindrado.

"Dê-me uma semana!", desafiou o mestre.

De fato, após uma semana, Yogananda pintou um belo retrato. Mandou chamar o artista que, ao ver o quadro, entusiasmou-se: "Quem pintou isto? É muito melhor que o meu!".

Não importa o que você faça, permaneça em sintonia com a consciência necessária para fazê-lo bem. Acima de tudo, desenvolva o *magnetismo* certo!

◎ ◎ ◎

3.26 | Pela sintonia (*samyama*) com a luz interior, obtém-se o conhecimento do sutil, do oculto e do remoto.

Tudo, na criação, é interligado. Segundo a ciência, ela é uma combinação de moléculas, átomos e elétrons. Porém a ciência sempre trabalha a distância, como se remexesse as coisas com um forcado. Na verdade, tudo é uma projeção da bem-aventurança de Deus manifestando-se continuamente. Vale lembrar que os poderes citados por Patanjali são poderes que todos nós temos, embora em menor extensão.

Quando eu estava na universidade, fiz um curso de grego clássico. Ao mesmo tempo, procurava entender o significado da existência; e a língua grega (juntamente com a maioria das outras matérias) me pareceu absurdamente trivial. Eu não fazia os exercícios de casa e às vezes nem ia à aula. Aí, no fim do semestre, o professor começou a preparar os alunos para o exame final. Quando dei o ar da graça na sala, descobri que não sabia nada. O professor resmungou: "Há aqui uns alunos que fariam melhor se não aparecessem para a prova". Os outros olharam para mim e riram.

Pois bem, meti na cabeça que iria passar naquele exame. A maneira como faria isso estava além de minha imaginação, mas tentei estudar grego todas as noites durante uma semana. No entanto, sempre punha o livro de lado, aborrecido, e resolvia estudar o dobro – ou o triplo, ou o quádruplo, ou o quíntuplo – em outra ocasião. Chegou então a noite de domingo e o exame seria na manhã seguinte! Procurei desesperadamente uma solução e disse a mim mesmo, com firmeza: "Você é um grego!". Munido dessa nova autodefinição, foi fácil percorrer o livro de gramática! Estudei durante duas horas com a máxima concentração, após as quais me senti uma esponja embebida de água. No dia seguinte, o exame foi, como sempre, difícil. Só dois alunos passaram: um deles, eu!

Muitos anos depois, passei duas semanas na ilha de Bali, na Indonésia. No Monte Gunung Agung, a mais de 2 mil metros de altitude, fazia frio. Pedi um cobertor e o dono da estalagem me trouxe... um copo de água! (Eu soube, bem depois, que nossa palavra inglesa *blanket* soa mais ou menos como a palavra deles para "água"!) Seja como for, preparei-me mentalmente para me comunicar na língua local. Quando saí de lá, já tinha um vocabulário de mais de seiscentas palavras e podia me fazer entender em vários assuntos abstratos, inclusive filosofia.

O que creio ter feito nas duas ocasiões foi praticar *samyama* para me identificar com as necessidades do momento. *Samyama* não é, em suma, uma prática apenas para adquirir poderes ocultos: pode nos valer em qualquer área que queiramos dominar. Não importa o assunto, carpintaria, matemática ou técnicas de liderança, pratique *samyama* com ele, antes de tudo. Identifique-se com ele a partir de dentro e aprenderá rapidamente quase tudo o que precisa saber.

Assim, é fácil entender como a concentração na luz interior ajuda a pessoa a obter o conhecimento de que Patanjali fala. A criação inteira é uma manifestação da luz interior. Tudo que queremos saber está trancado nesse cofre cósmico!

◎ ◎ ◎

3.27 | O conhecimento de todo o sistema solar pode ser adquirido pela sintonia (*samyama*) com o Sol.

Se chegarmos ao *centro* de qualquer assunto, poderemos compreendê-lo em todas as suas ramificações. A própria verdade é "centro em toda parte e circunferência em lugar nenhum". O Sol é o centro do sistema solar, portanto compreenderemos seus planetas se nos sintonizarmos com ele. Não quero dizer, porém, que todas as pessoas podem fazê-lo dessa maneira. Suspeito mesmo que o conhecimento obtido assim pelo próprio Patanjali tinha mais a ver com a verdade no nível espiritual do que com o tipo de areia existente em Marte.

Meu guru disse: "O Sol representa o aspecto paterno de Deus. Em minha juventude, eu passava muito tempo observando o nascer e o pôr do sol olhando diretamente para ele (quando o Sol está perto do horizonte, seus raios prejudiciais são filtrados; recomendo a primeira e a última meia hora do dia). Essa prática me proporcionou profundas revelações de sabedoria".

Podemos fazer o mesmo, se quisermos.

◎ ◎ ◎

3.28 | A sintonia (*samyama*) com a Lua propicia conhecimento sobre os movimentos das estrelas.

Posso expressar algum ceticismo com respeito ao que Patanjali diz aqui? Não vejo conexão alguma entre a Lua e os movimentos das estrelas! A Lua é um corpo que reflete a luz; as estrelas são outros tantos sóis, que a emitem. Em minha opinião, esse conhecimento lhe veio por outras vias.

Meu guru ensinou que a Lua representa o aspecto materno de Deus. A qualidade afável, materna, que a Divina Mãe irradia para nós por meio da Lua tem um efeito tranquilizante sobre as nossas emoções — a menos que estas sejam violentas demais. Da Divina Mãe proveio toda a Criação, inclusive as estrelas, os planetas, etc. Teria sido, pois, por intermédio de sua sintonia com o aspecto materno de Deus que Patanjali obteve seu conhecimento do universo? A meu ver, esta é, pelo menos, uma possibilidade.

Se você praticar *samyama* com a Lua à noite, absorverá um vislumbre do aspecto amoroso de Deus.

3.29 | A sintonia (*samyama*) com a estrela polar propicia o conhecimento dos movimentos das estrelas.

De novo, Patanjali nos aconselha a chegar ao centro das coisas para entender tudo o que se relaciona a elas. O movimento do Sol, da Lua e dos planetas ao longo do zodíaco depende da posição da estrela polar, determinada pela inclinação da Terra. Os indianos antigos se preocupavam muito mais com o efeito das forças astrológicas em nossa vida do que com a localização de bilhões de estrelas em nossa galáxia. Tinham um interesse profundo na Natureza, mas direcionavam-no sobretudo para suas interações com o homem.

3.30 | A sintonia (*samyama*) com o plexo umbilical propicia conhecimento sobre a constituição do corpo.

De novo, um conselho para irmos ao centro das coisas. Testar a validade do que Patanjali escreveu está além de minha capacidade, mas percebo aqui a aplicação do mesmo princípio.

3.31 | A sintonia (*samyama*) com o fundo da garganta produz a cessação da fome e da sede.

Eis um experimento simples, que vale a pena tentar.

3.32 | A sintonia (*samyama*) com o *kurma nadi* (um tubo em forma de tartaruga logo abaixo da garganta) proporciona imobilidade na postura de meditação.

Patanjali sugere diversos *samyamas* que podemos tentar sozinhos, para descobrir se e até que ponto funcionam. *Kurma nadi* pode ser uma referência à glândula tireoide, pois esta palavra deriva de um termo grego que significa "escudo" (objeto não muito diferente da carapaça de uma tartaruga). A sintonia com a tireoide ajuda a regular o corpo inteiro.

3.33 | A sintonia (*samyama*) com a luz na coroa da cabeça (o *sahasrara*) proporciona a visão dos mestres e adeptos espirituais.

Eu não posso servir de exemplo para esse ensinamento. A única visão que tive na vida foi a aparição inesperada de um rosto grande e verde! Muitos são os caminhos para Deus. A visão, em definitivo, não é o meu caminho.

A sintonia com a luz no chakra da coroa sem dúvida produzirá o resultado a que Patanjali se refere; mas, para os meditadores que porventura tenham dúvidas, a meditação deve em regra focalizar-se no ponto entre as sobrancelhas. A abertura para o centro superior se dá a partir do olho espiritual. Se a pessoa tentar atingir o chakra da coroa (o *sahasrara*) a partir da consciência comum do ego, localizada na *medulla oblongata* (atrás da cabeça), correrá o risco de provocar um desequilíbrio mental.

Quanto a mim, costumava adotar uma prática tibetana de meditação pela qual imaginava meu guru sentado no alto de minha cabeça. Achava-a muito útil quando desejava sua inspiração para minhas reflexões.

◎ ◎ ◎

3.34 | Esses vislumbres surgem espontaneamente também para aquele que alcançou a pureza interior.

A contemplação desses "poderes" não deve ser estranha aos devotos que precisam experimentar ao menos alguns sinais deles em sua própria vida. No entanto, estou me lembrando agora de uma pessoa que meditava longas horas por dia e, em consequência, se tornou arrogante. Da arrogância para o sarcasmo foi um passo, e logo o sarcasmo se transformou no prazer de humilhar os outros. De fato, o egoísmo pode penetrar em nossa consciência por muitas portas.

O próprio Patanjali adverte que o emprego de poderes espirituais (ou ocultos) pode gerar o orgulho. Devemos sempre ter em mente que Deus é quem faz tudo, até mesmo respirar por nosso intermédio; nós mesmos não fazemos nada.

◎ ◎ ◎

3.35 | A sintonia (*samyama*) com o coração faz com que a pessoa compreenda seus *vrittis* ou suas tendências íntimas.

Os psiquiatras recorrem ao intelecto na tentativa de entender seus pacientes. Porém a verdadeira compreensão da natureza de uma pessoa vem do coração. Os cientistas tendem a condenar veementemente os sentimentos do coração, pois, como eles mesmos dizem, as emoções são em geral, de uma maneira ou de outra, tendenciosas. Os sentimentos calmos e profundos do coração constituem, porém, nossa única ferramenta confiável. Eles são a semente da própria consciência. Sem os sentimentos, seríamos robôs. A sintonia com o coração desce mais fundo que todas as ondas superficiais da emoção. Traz o verdadeiro entendimento.

◎ ◎ ◎

3.36 | Intelecto *sattwico* e alma são coisas completamente diferentes. A sintonia com a distinção entre eles propicia o entendimento da alma.

Nem o intelecto mais aguçado é capaz de entender a verdadeira natureza da alma, pois o intelecto depende de distinções, enquanto a alma está além delas. A sintonia com essa diferença propicia, instintivamente, uma compreensão da alma.

◎ ◎ ◎

3.37 | Dessa compreensão, brota a percepção suprafísica: maior sutileza de audição, tato, visão, paladar e olfato.

Na próxima estrofe, Patanjali adverte contra o uso desses poderes (ou de quaisquer outros aparentemente miraculosos). Entretanto, fixar o olho espiritual, ouvir o som sutil de AUM e comungar com ele — essas são, na verdade, técnicas de meditação. Aqui, sem dúvida, Patanjali queria dizer outra coisa.

Exibir, por exemplo, a habilidade de saber o que aconteceu na casa do vizinho, dizer-lhe que o prato preparado por sua esposa na noite anterior estava delicioso, embora você não se achasse presente: essa habilidade de fato existe, mas constitui uma intrusão na vida alheia e só serve para que o vizinho se espante com seus poderes de clarividência. Tais habilidades são alimento para o ego e lançam outro véu de ignorância diante do espelho de sua autoestima. Eis a estrofe:

◎ ◎ ◎

3.38 | Os poderes suprafísicos (*siddhis*) são obstáculos à conquista de *samadhi*, pois projetam a mente para fora.

Um dos obstáculos é o fato de que esses poderes podem estreitar o apego à própria pessoa. Quando eu era criança, encontrei uma maneira de "enganar o sistema". Se uma fada me concedesse a satisfação de três desejos, eu pediria, para o último, a chance de satisfazer mais três, e assim sucessivamente, de acordo com minha vontade! Da mesma forma, o apego aos poderes pode levar a pessoa a um envolvimento sem fim.

◎ ◎ ◎

3.39 | Afrouxando os laços kármicos com seu corpo, a pessoa pode penetrar no corpo de outra, identificando-se mentalmente com ele.

Meu guru fazia isso constantemente. Entrava no corpo de cada um de seus discípulos todos os dias. Disse certa vez: "Essa experiência pode ser terrível caso a outra pessoa esteja mergulhada na ilusão!". Certa vez, confidenciou a uma mulher: "Você está com um gosto ruim na boca, não?".

"Como sabe?", perguntou ela.

"Sei porque estou tanto no seu corpo quanto no meu", respondeu Yogananda.

As pessoas às vezes o provocavam a propósito de sexo.

"Como pode condená-lo", diziam, "se nunca experimentou seus prazeres?"

"Acontece que já estive no corpo de quem o experimentava", respondeu ele, "e, portanto, sei por experiência própria que o prazer do sexo não é *nada* em comparação com a bem-aventurança divina!"

Ele nos contou uma história fascinante, que garantiu ter mesmo acontecido. Um jovem morreu e seu corpo estava na pira aguardando a cremação quando um velho yogue apareceu, vindo da floresta vizinha, e gritou: "Parem! Quero este corpo jovem para mim!".

O velho caiu ao chão, e o rapaz, saltando da pira, correu para a floresta. Os parentes do jovem ficaram com a tarefa de cremar o cadáver de um completo desconhecido! (Pelo menos, tiveram a satisfação de saber que era o cadáver de um santo.)

Poucas pessoas conseguem manifestar esse poder, mas todo devoto pode e deve, por meio da empatia e da compaixão, mostrar-se sensível às necessidades dos outros — seus sofrimentos físicos e suas ansiedades emocionais.

◎ ◎ ◎

3.40 | Pelo domínio de *udana* — a corrente dentro da coluna que leva *Kundalini* do *sushumna* para o cérebro —, a pessoa adquire o poder de levitar e deixar o corpo à vontade.

Falando cientificamente, a levitação é impossível. Contudo, também nos países cristãos viram-se muitos santos levitando. José de Cupertino foi dispensado de trabalhar na cozinha do mosteiro porque costumava alçar-se do chão e até planar acima do edifício. Santa Teresa de Ávila sentia-se grandemente embaraçada pela tendência de seu corpo a levitar quando orava. Agarrava-se ao banco da igreja, mas sua intensa devoção erguia-lhe o corpo incontrolavelmente no ar.

Como acontece a levitação? Quando o fluxo *udana*, dentro da coluna, sobe impetuosamente em direção ao cérebro, exerce para cima força suficiente para levantar também o corpo. A força da gravidade não consegue mantê-lo preso ao chão.

Devemos nos lembrar de que a matéria, em si, é irreal. Tudo é vibração da consciência. Quando a consciência da pessoa ultrapassa a esfera material, as realidades dessa esfera da existência deixam de se impor.

◎ ◎ ◎

3.41 | O domínio da energia *samana* (equilíbrio) no corpo emite uma forte luminosidade.

Um discípulo de Swami Muktananda, yogue muito conhecido na Índia, contou-me que deixara seu guru uma noite e andava por uma estrada escura. Seu guru emitiu uma forte luz do próprio corpo, que iluminou o caminho para ele até onde foi necessário.

Sabe-se bem, é claro, que os santos têm uma aura cintilante em volta do corpo. Eles podem controlar essa emanação. Yogananda conheceu um sadhu errante, Kara Patri, no Kumbha Mela em 1936. Anos depois, contou-nos: "Escondi-me dele" (para que Kara Patri falasse sem constrangimento). Ou seja, recolheu sua aura de modo que Kara Patri o considerasse um buscador comum.

3.42 | A sintonia (*samyama*) com a capacidade de ouvir e com o *akasha* (pré-espaço sutil) propicia uma audição supranormal.

O próprio espaço, ensinava Yogananda, é uma vibração distinta, que separa o universo físico do universo astral. A sintonia com o vínculo entre a audição e a realidade sutil do pré-espaço (às vezes chamado de éter) gera a capacidade de ouvir astralmente.

3.43 | A sintonia (*samyama*) com a relação entre o corpo físico e o pré-espaço (éter) dá ao corpo a leveza da fibra de algodão (ou, como hoje se diria, a leveza de uma pluma) e lhe permite viajar no campo astral.

Convém ao devoto, independentemente dos poderes que tenha desenvolvido, meditar na não existência de seu corpo, que é apenas pensamento. Um dos benefícios disso é que as dores tanto físicas quanto emocionais o afetarão muito menos ou mesmo nada. Quanto à capacidade de voar, levitar ou viajar no corpo astral, inúmeros relatos de vidas de santos a comprovam.

Quando convidei Anandamayee Ma para visitar a América, ela respondeu: "Já estou lá!". Referia-se à sua onipresença espiritual (explicação mais provável) ou à sua capacidade de se locomover no campo astral. O padre Pio, grande santo do sul da Itália, também demonstrou várias vezes essa capacidade, indo ver, por exemplo, seus devotos na América.

◎ ◎ ◎

3.44 | Pela sintonia (*samyama*) com os *vrittis* (vórtices de apego e desejo), que são exteriores ao corpo, a incorporalidade é obtida e o véu que oculta a luz do Eu é removido.

Percebendo a relação sutil entre o que está além do corpo e o próprio corpo, a pessoa perde a consciência deste.

◎ ◎ ◎

3.45 | Pela sintonia (*samyama*) com os elementos grosseiros e sutis do corpo, bem como sua essência e seu propósito correlativo, pode-se dominar esses elementos.

◎ ◎ ◎

3.46 | Dessa (realização) provém o poder sobre o princípio tonificante e outros *siddhis* (poderes ou "perfeições"), a perfeição do corpo e a não obstrução das funções orgânicas (a erradicação de todas as moléstias e todos os incômodos).

Os *siddhis* são oito poderes: *anima*, o de se tornar minúsculo; *mahima*, enorme; *laghima*, muito leve; *garima*, muito pesado; *prapti*, de ir a qualquer lugar, até à Lua, e de atravessar sem obstrução qualquer coisa; *prakamya*, de satisfazer a todos os desejos; *isatva*, de criar; e *vasitva*, de ter controle sobre tudo.

Entretanto, uma pessoa pode ter desenvolvido todos os oito *siddhis* sem alcançar a liberdade final em Deus. Os *siddhis* são uma tentação para o ego. Yogananda contou a história de Baba Gorakhnath, um famoso santo do norte da Índia cujo poder espiritual lhe permitiu viver por trezentos anos. Quando chegou para ele a hora de deixar o corpo, quis transmitir seu poder a alguém que o merecesse e, pelo olho espiritual, avistou um jovem sentado na posição de lótus às margens do Ganges. Materializou-se então diante dele e anunciou-lhe solenemente: "Sou Baba Gorakhnath". Ele era muito conhecido na época e sua aparição deveria assombrar o rapazinho. Mas isso não aconteceu.

"Que posso fazer por você?", perguntou-lhe o jovem.

"Num período de trezentos anos, aprimorei os oito *siddhis* de Patanjali. Percebi que é chegado o momento de abandonar este corpo. Percebi também que você é um herdeiro digno de meus poderes, cuja essência condensei em oito bolinhas de argila. Você só terá de segurá-las com a mão direita e meditar sobre o significado delas para que os poderes penetrem em seu ser."

"Então são minhas e posso fazer com elas o que quiser?"

"Sim! São suas. Já não têm utilidade para mim."

O jovem atirou as oito bolinhas no rio, onde se dissolveram e desapareceram.

"Mas o que você fez?", gritou Baba Gorakhnath. "Destruiu o fruto de meus trabalhos de três séculos!"

"Continua mergulhado na ilusão, Baba Gorakhnath?", perguntou o rapaz.

Nesse momento, Baba compreendeu seu grande equívoco e obteve a plena iluminação da alma.

◎ ◎ ◎

3.47 | Beleza, graça, força e músculos inquebrantáveis constituem a perfeição do corpo.

Numa Kumbha Mela, avistei Deohara Baba, de 144 anos, de pé numa plataforma, atirando frutas para a multidão — com o vigor de um lançador de beisebol!

O próprio Yogananda tinha extraordinária força física. Certa vez, durante uma palestra em Boston, perguntou quem, na audiência, se apresentaria para mantê-lo encostado à parede. Seis robustos policiais subiram ao palanque. Todos os presentes pensaram que Yogananda levaria a pior!

"Prontos?", perguntou ele.

"Sim!", grunhiram os policiais.

Yogananda arqueou as costas tão fortemente que os seis foram cair no poço da orquestra!

Outro fenômeno é altamente provável: o yogue pode preservar seu vigor e seu magnetismo até o fim da vida.

◎ ◎ ◎

3.48 | A sintonia (*samyama*) com o poder da percepção sensorial, sua natureza íntima e sua correlação com a percepção do ego propiciam o controle sobre os sentidos (a ponto de libertar a percepção sensorial da dependência dos próprios sentidos).

◎ ◎ ◎

3.49 | Graças a *samyama*, o corpo adquire o poder de mover-se com a rapidez do pensamento; a pessoa consegue exercer a função sensorial sem recurso aos sentidos, obtendo também completo domínio sobre a Natureza primordial (*Prakriti*).

Alguém que conheceu Yogananda quando este era jovem contou-me a seguinte história: "Você precisava vê-lo na quadra de tênis! Não importava onde a bola caísse de seu lado e por mais difícil que fosse a recepção, lá estava ele! Até me perguntei se não usava poderes espirituais para realizar a façanha".

Não consigo imaginar meu guru recorrendo a poderes espirituais para ganhar um simples jogo, mas quem sabe? Pode ter feito isso uma vez por simples brincadeira ou — o que é mais provável — tido alguma razão oculta para agir assim, talvez com o propósito de ajudar alguém.

◎ ◎ ◎

3.50 | Ao reconhecer a diferença entre *sattwa* (a mente em seu estado puro, sem desejo, atração ou apego) e o Eu, a pessoa obtém o domínio sobre todos os estados de consciência e, desse modo, se torna ao mesmo tempo onipotente e onisciente.

Alcançar a unidade com Deus não é o mesmo que subir uma escada alta e íngreme. Depois que superamos nossas limitações pessoais, não há mais nada a conquistar! Mesmo agora, estamos tão perto de Deus quanto poderíamos estar!

◎ ◎ ◎

3.51 | Graças ao desapego até dos *siddhis* (poderes), a semente da servidão é destruída e a liberdade absoluta é conquistada.

Depois que nossa sujeição ao ego é finalmente e completamente rompida, já não há o que obter. Não há mais nenhum reino exterior a conquistar. Estamos inteiramente livres!

◎ ◎ ◎

3.52 | O yogue não deve aceitar, envaidecido, (o elogio ou) a admiração sequer de seres celestiais, pois existe sempre o risco de regredir ao indesejável (a consciência do ego).

Meu guru costumava dizer (e escreveu num poema dedicado ao seu guru, em *Whispers from Eternity*): "Se todos os deuses me protegem por trás das muralhas de suas bênçãos, de ti não recebo bênção alguma, pois sou um órfão a definhar espiritualmente em meio às ruínas de teu desagrado".

Nem os deuses astrais são perfeitos; têm ainda vínculos egoístas a desatar.

Entretanto, alguns seres iluminados que conheci aqui na Terra me deram conselhos em franca oposição com aquilo que meu guru me ensinara. Permaneci firme em minha obediência e lealdade a ele. Muitos são os caminhos verdadeiros para Deus. Eu escolhi o meu.

3.53 | A sintonia (*samyama*) com momentos sequenciais únicos gera o discernimento.

Mais uma vez, Patanjali recomenda descermos ao âmago do assunto considerado. Não conseguiremos jamais compreender seja o que for se permanecermos na periferia.

3.54 | Assim, diferenças aparentemente invisíveis entre objetos da mesma espécie, com as mesmas características e existentes na mesma localidade se tornam claras.

Já mencionei esta frase da *Autobiografia de um Iogue*: "Cada átomo tem sua individualidade". Uma coisa ou pessoa pode ser idêntica, na aparência, à outra — como acontece às vezes no caso de gêmeos —, mas a intuição lúcida, que entra na essência das coisas, percebe a singularidade de cada uma.

3.55 | A visão judiciosa é aquela que apreende tudo simultaneamente em qualquer situação; é intuição pura, que conduz à libertação.

O verdadeiro discernimento é a intuição mencionada no último sutra.

3.56 | Quando a mente serena conquista pureza igual à do Eu, a pessoa alcança o Absoluto.

Quando a mente se torna tranquila, vai além do pensamento e, percebendo o Eu, torna-se um com ele. A partir daí, a pessoa não precisa mais "dar o salto" para o Absoluto: ela já está lá!

Os versos seguintes foram extraídos do poema de Yogananda "Samadhi", que consta da *Autobiografia de um Iogue*:

"Eu mesmo, em tudo, penetro o Grande Eu.

Sombras indecisas, vacilantes de lembrança mortal, sumidas para sempre.

Limpo está o meu céu mental embaixo, à frente, em cima.

A eternidade e eu somos um raio só.

Bolha minúscula de riso,

Tornei-me o próprio Mar de Alegria."

Fim do Terceiro Pada

Kaivalya Pada
O QUARTO LIVRO

Sobre o Absoluto

4.1 | Os *siddhis* nascem de práticas executadas em vidas anteriores, da ingestão de certas ervas, da repetição de certos mantras, de *tapasya* (autonegação, resistência à dor) ou de *samadhi* (unidade com Deus).

Por que, no último livro da grande escritura, voltamos a esse assunto? É irritante! Só posso pensar que tais questões, nos dias de Patanjali, eram importantíssimas!

1. Obviamente, o que uma pessoa fez em vidas anteriores influenciará seus talentos na vida atual. Nem é necessário insistir nesse ponto.

2. *Siddhis* nascem da ingestão de certas ervas. Hoje, conhecemos a maconha, os cogumelos "sagrados" e o LSD químico. Pode ter havido outras substâncias naqueles tempos. Uma vez que esse é o único item introduzido aqui, imagino que o sutra foi escrito justamente para incluí-lo. Conheci muita gente, ao longo da vida, que fazia uso dessas "ervas". Eu mesmo nunca as experimentei; mas vi seus efeitos nos outros.

Minha primeira experiência foi em Cape Cod, Massachusetts, quando eu tinha 20 anos. Estava numa sala com umas trinta pessoas e alguém de Nova York gabava os méritos da maconha. "Não vicia", assegurava ele, explicando quão maravilhosos ela nos faz sentir. Ele passou o cigarro para os outros e eu acho que fui a única pessoa que não quis experimentar. A impressão que tive dos outros foi que se achavam num "barato" muitíssimo pessoal, que não tinha nada a ver com a realidade, superior ou inferior. A erva parecia tê-los arrastado para longe de qualquer coisa objetiva.

Mais tarde, um santo que conheci costumava dizer: "Sua religião deve ser posta à prova em plena luz do dia". Por esse raciocínio, o cigarro fumado naquela ocasião afastou seus usuários dessa luz.

Em 1960, na Índia, visitei uma Kumbha Mela, que é uma feira religiosa tipicamente indiana. Lembro-me de ter parado perto de um grupo de *nagas*, ou sadhus nus, sentados na areia e fumando *bhang*, uma variedade de maconha. Talvez fumassem como proteção contra o frio, pois a maconha embota os sentidos, mas era bastante óbvio que o faziam também pelo prazer que ela lhes dava. Ostentavam um riso largo de deleite e não pude deixar de pensar: "Eis aí um tipo de felicidade que não podem partilhar com ninguém, exceto com seus colegas de baforadas".

Nos anos 60, quando San Francisco era o que se pode chamar de capital do movimento *hippie*, eu próprio morava lá. Nunca experimentei drogas alucinógenas, embora quase todos à minha volta as "curtissem"; o que realmente experimentava, perto de pessoas que o faziam, era uma presença satânica no recinto. O "barato" que elas sentiam não as tornava seres humanos melhores. Ficavam completamente centradas em si mesmas. Diziam amar a todos, mas, pelo que vi, amavam apenas aos que compartilhavam sua experiência obscura. Também tive a impressão de que, se alguém me esfaqueasse no peito, só faria isso para admirar a bela mancha vermelha em minha camisa. Era, em suma, uma experiência inteiramente centrada no ego. E, como se isso não bastasse, o que percebi depois de algum tempo foi que essa experiência enfraquecia muito sua força de vontade.

Em 1968, fundei a primeira comunidade Ananda. As comunidades estavam na moda então, o que provavelmente ajudou no sucesso inicial da minha; mas muitos recém-chegados defendiam as drogas. Estabeleci uma regra contra elas e alguns acharam que essa regra só proibia o uso "dentro da propriedade". O que constatei em relação àquelas pessoas foi que conseguiam acatar unicamente seu próprio ponto de vista. Era quase impossível criar com elas um grupo cooperativo. Graças a Deus, tínhamos outros membros; e quando estes se tornaram maioria, fiz uma limpeza na casa. Não o fiz com prazer, pois encaro a liderança como uma maneira de servir aos meus semelhantes. Mas há ocasiões, na vida, em que precisamos ser firmes. Simplesmente lhes dei uma escolha: "Se vocês continuarem assim, eu é que irei embora". Sabia, é claro, que tinha a maioria do meu lado!

Teria alguém inserido esse pormenor no escrito de Patanjali? Sou levado a crer que sim. Drogas podem induzir visões, mas não tornam ninguém virtuoso. E essas visões, provavelmente, são simples alucinações. Pelo menos, nunca constatei o menor laivo de sabedoria em pessoas que usavam drogas.

3. A repetição de determinados mantras confere certos poderes; mas, de novo, se a pessoa não se *purificar* antes, esses poderes de nada lhe servirão. Por isso Buda condenava os *karmakand* ou rituais para a obtenção de determinados poderes.

4. Já explicamos o que é *tapasya*. Impedindo a dispersão das energias do corpo, a pessoa pode certamente adquirir poderes, embora de eficácia limitada.

5. O único trecho válido desse sutra é o quinto, sobre *samadhi*. Naturalmente, depois de captar a presença de Deus em toda parte, você tem o poder de mudar o próprio sonho.

4.2 | A transformação de uma espécie em outra ocorre em virtude do fluxo de *Prakriti* (Natureza Primordial).

A pergunta é: por que a Natureza produziu tantas espécies diferentes? E a resposta é: porque a própria Natureza está em fluxo perpétuo. *Panta rhei*, diziam os gregos antigos: "Tudo flui".

A própria bem-aventurança divina sempre se renova.

◎ ◎ ◎

4.3 | Qualidades incidentais não afetam a natureza espiritual da pessoa; têm de ser removidas como o agricultor remove qualquer obstáculo ao fluxo da água.

◎ ◎ ◎

4.4 | A consciência iluminada (do grande yogue que atingiu *nirbikalpa samadhi*) pode evocar (na forma de visões) várias de suas lembranças passadas juntas.

Meu guru explicou essa verdade. E, sem sua explicação, duvido que o sutra acima fizesse qualquer sentido para mim.

Ele disse que a pessoa, depois de atingir *nirbikalpa* e, portanto, a libertação completa da identidade do ego, consegue evocar mais que as lembranças de uma vida ao mesmo tempo. Pode, numa visão, relembrar várias identidades passadas de uma vez e percebê-las, também de uma vez, como simples expressões de Deus, não como atividades de seu ego aqui na Terra. Consegue, portanto, examinar o karma de muitas vidas anteriores durante uma única meditação.

◎ ◎ ◎

4.5 | Embora as ações desses muitos corpos possam diferir grandemente, seu *chitta* original, ou sentimento primordial, permanece o mesmo.

Em outras palavras, a pessoa é apenas um observador. Nada provoca nela a mínima reação oriunda do ego.

◎ ◎ ◎

4.6 | Embora, nessas meditações, reconheça diversas personalidades, ela própria permanece imune a toda impressão latente do karma das vidas passadas e a todo desejo ou apego de outrora.

No estado de *nirbikalpa*, a pessoa pode observar as ações de suas vidas anteriores sem ser nem de leve afetada por elas.

◎ ◎ ◎

4.7 | As ações do verdadeiro yogue não são nem boas nem más (brancas ou pretas), ainda que as ações procedentes da percepção do ego sejam de três tipos: boas, más e mistas.

Em vidas passadas, ele terá cometido muitos erros dos quais sua mente *sattwica* agora se envergonha e muitas boas ações pelas quais, hoje, ela se mostra agradecida. Entretanto, os atos bons, maus ou mistos que atravancavam seu caminho já não são mais lembrados por seu ego (que está morto). Por isso, não o afetam.

◎ ◎ ◎

4.8 | Dos atos motivados pelo ego, somente as *vasanas* (impressões subconscientes) que agora encontram condições favoráveis dão frutos kármicos (em determinada encarnação).

Se, numa vida anterior, você afogou alguém no mar, mas na atual tem vivido sempre nas montanhas, seu karma continua com você, mas talvez deva esperar por uma existência futura para se manifestar. Também aí o yogue, em *nirbikalpa samadhi*, contempla a perfeição final do funcionamento da lei do karma.

⦿ ⦿ ⦿

4.9 | Embora as lembranças sejam individualizadas conforme a classe, o lugar e a época, a impressão que deixam é a mesma.

No estado de *nirbikalpa samadhi*, as lembranças do passado, embora específicas em si mesmas, não permanecem na consciência como impressões mais fortes ou mais fracas, pois já não existe ego para ter essas reações.

⦿ ⦿ ⦿

4.10 | Uma vez que o desejo de viver é eterno, essas impressões não têm começo.

Nesse supremo estado de consciência, as impressões passadas não interferem como se alguma vez houvessem causado impacto.

⦿ ⦿ ⦿

4.11 | As características da personalidade, mantidas juntas por impacto e reação, desejo e apego, desaparecem depois que cessam esses fenômenos.

Nossas personalidades não nos pertencem — pertencem-nos menos, até, do que nossos egos.

Cada ser vivo é uma expressão única do Infinito. Na planta, porém, a força vital manifestada nessa forma não tem ego. Para que o tivesse, precisaria ter adquirido autodefinição, lembranças, traços individuais. A planta não tem nada disso e muito menos memória de reações passadas (exceto de maneira muito vaga), desejos (exceto como uma espécie de impulso de vida) ou apegos. Embora o ego seja o maior obstáculo no caminho espiritual, é também a suprema necessidade, a bem-aventurança da alma "encarcerada" — se, em sua evolução exterior, ela já estiver à altura de iniciar a jornada espiritual com propósito consciente.

4.12 | O passado e o futuro não existem apenas subjetivamente, mas também objetivamente, graças às incontáveis diferenças entre os seres envolvidos.

Aquilo que um *jivan mukta*, que atingiu *nirbikalpa samadhi*, vê de seu passado não tem praticamente nenhum impacto em seu futuro, pois muitas vidas estão ali envolvidas e não apenas a dele próprio. Ele pode se lembrar, por exemplo, de ter provocado um incêndio florestal que destruiu várias casas. Mas concluirá que esse ato foi na verdade praticado pelo próprio Deus, na imensidão de Seu grande sonho — o que não altera em nada os efeitos causados na vida dos outros. Em suma, ele não pode se redimir do erro de ter iniciado o incêndio; pode apenas libertar-se do fardo que enegreceu seu karma anterior.

4.13 | Manifestas ou latentes, essas características pertencem à natureza dos gunas.

Os três gunas estão presentes por toda parte, indicando apenas graus de manifestação exterior, distantes do Espírito. Embora sattwa guna seja uma qualidade boa, nem por isso deixa de ser uma qualidade, e está, portanto, distanciada do Espírito indiferenciado.

◎ ◎ ◎

4.14 | Como funcionam juntos em todas as coisas, os gunas constituem sempre uma unidade.

Todas as coisas, estando próximas, distantes ou muito distantes de sua realidade no Espírito, têm por isso mesmo uma certa unidade. Uma tesoura e um homem, portanto, se acham unidos em consequência desse fato. Dois seres humanos, um criminoso e o outro, um santo, também estão unidos. O criminoso talvez vague por mais tempo na ilusão, mas é, não menos que o santo, uma manifestação do mesmo Deus.

◎ ◎ ◎

4.15 | Graças às diferenças nas diversas mentes, a percepção de um mesmo objeto pode variar.

Uma criança pequena pode achar muito alto seu pai de um metro e oitenta; mas um jogador de basquetebol de dois metros chamará esse mesmo homem de "baixinho".

O gatuno contumaz considerará quase honesto aquele que só rouba de vez em quando; mas, para a maioria de nós, ambos não passam de ladrões. A relatividade, neste mundo, é bastante real.

◎ ◎ ◎

4.16 | A existência de qualquer coisa não depende da percepção de uma única mente.

Portanto, é claro que a realidade da existência objetiva é uma realidade concreta. Ela não é desmentida nem por *nirbikalpa*.

☙ ☙ ☙

4.17 | Um objeto é conhecido ou ignorado conforme o grau de sua aceitação pela mente.

O estado de espírito pode levar uma pessoa a negar a existência de uma coisa na realidade objetiva, mas a negação não significa que essa coisa não exista. *Nirbikalpa* não é afetado por estados de espírito ou preconceitos e, por isso, vê tudo da maneira como é.

☙ ☙ ☙

4.18 | Uma vez que Atman é imutável, os *vrittis* de *chitta* nunca escapam ao seu conhecimento.

Da margem de um rio, você pode ver claramente os vórtices e redemoinhos no fluxo da água aos seus pés. Se fosse apanhado num deles, porém, sua percepção ficaria distorcida. Somente quando os sentimentos primordiais não estão agitados por desejos e apegos é que você percebe tudo com clareza na vida.

☙ ☙ ☙

4.19 | A mente não ilumina a si mesma, pois é percebida de fora.

O conhecimento de que existimos nos vem de fora, mas nosso pensamento pode ser percebido pelos outros. Por isso, a mente *pensante* não ilumina a si mesma. Nossas ideias não nos pertencem, estão enraizadas no infinito. Conforme o nível de consciência em que vivemos, os pensamentos que atraímos podem ser grosseiros, refinados ou mistos. Nosso nível de consciência depende do lugar onde nossa energia está concentrada na coluna.

4.20 | A mente individual não pode perceber e ser percebida ao mesmo tempo.

4.21 | Se o conhecimento completo de uma mente por outra fosse possível, teríamos de pressupor um número infinito de mentes cognitivas, o que resultaria numa mistura de lembranças.

O conhecimento perfeito só é possível em Atman, a Fonte única de todas as percepções.

4.22 | A consciência do Eu nunca muda, mas, quando seu reflexo surge na mente, esta é iluminada pela inteligência individual.

Aqui, ocorre o mesmo que com o reflexo da Lua em vários jarros de água. A Lua que neles se reflete é uma e imutável, mas os reflexos individuais podem variar de acordo com o tamanho do jarro, a cor da água e a intensidade do vento que a agita. Assim, embora todos sejamos animados pela mesma consciência divina, inúmeros fatores alteram a manifestação dessa consciência em cada um: nossas qualidades boas, más, construtivas ou destrutivas; a lucidez de nossa inteligência; nossos desejos e apegos; a força de nossa dependência do ego, etc.

◎ ◎ ◎

4.23 | *Chitta* **capta tudo segundo a maneira com que é afetado por sua própria natureza e por aquilo que vê.**

O sentimento primordial reage de acordo com quem vê e com o que é visto. Esse sentimento determina o grau de nossa percepção. Se um gosto amargo nos afetar negativamente, nossa percepção do objeto (uma fruta?) será negativa.

◎ ◎ ◎

4.24 | Desejos e apegos existem para o ego, pois só podem atuar em associação com ele.

Quem deseja? Quem se apega? Somente o ego. Sem o ego, não existiriam nem os desejos nem os apegos.

◎ ◎ ◎

4.25 | Naquele que pode distinguir entre a mente e o Eu, os pensamentos cessam por completo.

A mente não passa de um reflexo do Eu (ou alma) aparentemente distante e interior, que jamais tem ação direta sobre o corpo. Assim, quando alguém vai além do processo mental e percebe o observador silencioso em seu íntimo – o Eu –, as flutuações da mente deixam de existir para sempre.

◎ ◎ ◎

4.26 | Quando o *chitta* (sentimento primordial) é atraído para o discernimento, passa a gravitar na direção do Absoluto.

O sentimento edificante da devoção é, com efeito, o fator essencial no caminho do espírito. Swami Sri Yukteswar, a quem Paramhansa Yogananda chamava de *Gyanavatar* ("Encarnação da Sabedoria") da Índia em nossa época, ensinou que enquanto a pessoa não desenvolver o amor natural do coração, não conseguirá sequer dar um passo em sua busca de Deus.

Digamos que você more ao lado do restaurante mais famoso do mundo. Pode conhecer seu cardápio, sua fama, a excelência de seus cozinheiros, mas, se não tiver fome, não entrará lá para comer.

Há inúmeros buscadores sabichões no caminho espiritual que preferem enfronhar-se em teorias inúteis, que amam as definições intelectuais complicadas e cujo maior prazer é a discussão abstrata. Nunca encontrarão Deus porque só se interessam por jogos mentais.

4.27 | Enquanto aprimora a verdadeira percepção, a pessoa pode ter pensamentos que a distraiam por causa das impressões passadas.

Devemos evitar cuidadosamente os "tapa-buracos" com que a mente gosta de brincar: televisão, rádio, conversas sem fim no celular, etc. Numa barbearia em Roma, tive de suportar uma televisão ligada a menos de meio metro de meu rosto. Nunca vejo TV porque considero essa distração uma tolice. Aquela, porém, me intrigava! Reparei que, na tela, a cena mudava *a cada dois segundos*! É quanto se espera que dure a atenção das pessoas! Procure vencer o hábito nocivo de poluir sua mente com semelhante lixo.

4.28 | As distrações podem ser removidas, conforme discutido antes (ver Livro Dois, 1, 2, 10, 11 e 26), sobretudo pela meditação e pelo redirecionamento da mente à sua fonte.

As distrações podem ser removidas para que a pessoa percorra mais resolutamente o caminho espiritual.

◎ ◎ ◎

4.29 | O yogue que não tem interesse egoísta na realização pessoal (que busca Deus apenas por amá-Lo) conquista a virtude perfeita.

Nesse estado, não há motivações egoístas de nenhum tipo.

Sei de uma bela história, bem a propósito, da vida de Sri Chaitanya. Vários de seus discípulos perguntavam: "Quando encontrarei Deus?". Decidido a dar uma resposta naquele dia, Sri Chaitanya foi dizendo a alguns deles: "Nesta vida... Após mais duas vidas... Na próxima vida". Então, seu discípulo mais próximo quis saber: "Mestre, e eu, quando encontrarei Deus?".

Para perplexidade e susto de todos, Chaitanya respondeu: "Daqui a um milhão de vidas".

Os discípulos ficaram tão entristecidos com essa resposta que ninguém mais quis perguntar nada naquele dia.

Depois de algum tempo, alguém viu o discípulo mais próximo dançando alegremente na sacada da sala de reuniões. Aproximou-se dele e perguntou-lhe, em tom de censura: "Irmão, não ouviu o que o mestre lhe disse?".

"Sim, irmão, dance comigo, pois estou alegre! Ele garantiu que vou encontrar Deus. Que importa quanto tempo isso vá levar?"

Os discípulos foram contar tudo a Chaitanya, que sorriu mansamente e disse: "Eu só quis que vocês todos entendessem qual deve ser a verdadeira atitude de um autêntico devoto de Deus!". Chamou então o discípulo próximo e infundiu-lhe no peito o poder divino — e o discípulo, no mesmo instante, encontrou Deus!

4.30 | Na ausência completa de interesses egoístas, cessam todas as aflições e os karmas passados.

Depois que o ego é destruído em *nirbikalpa samadhi*, a pessoa se torna *jivan mukta* ou "livre em vida". Ela ainda não alcançou a libertação final, porém, nesse estado de total e permanente ausência da consciência do ego, não mais está exposta a novos sofrimentos.

4.31 | Então todas as vestes (da ignorância) e todas as impurezas são completamente removidas. Nesse estado de onisciência, o que permanece desconhecido (por meio dos sentidos) é insignificante e negligenciável.

A pessoa obtém toda informação sensorial de que necessita simplesmente se concentrando nela.

4.32 | A essa altura, os gunas se tornam inúteis; foram transcendidos.

Os três gunas são graus de distanciamento de Deus. Quando sua consciência mergulha no Divino, a pessoa se torna *triguna rahitam*, "aquele que foi além dos três gunas".

4.33 | A série de transformações chega ao fim
e o próprio tempo deixa de existir.

O tempo é mero produto da consciência de mudança. Quando a mudança cessa, cessa também o tempo.

◎   ◎   ◎

4.34 | Assim a pessoa alcança o estado supremo de liberdade, quando os gunas se reabsorvem em *Prakriti*, já não precisando mais servir a *Purusha*. Ou, em outras palavras, o poder da consciência recua para dentro de sua própria natureza.

Fim do Quarto Pada

Glossário

ahankara – ego.

ahimsa – caráter inofensivo.

akasha – o éter ou pré-espaço sutil.

asana – a postura correta da meditação: sentar-se imóvel com a coluna ereta.

Ashtanga Yoga – o yoga de "oito membros" ensinado por Patanjali e consistente de: yama, niyama, asana, pranayama, pratyahara, dharana, dhyana e samadhi.

Atman – o Eu imortal, imutável e divino.

AUM – a vibração sonora cósmica que tornou possível a manifestação do universo.

Avatar – uma encarnação divina.

brahmacharya – "fluindo com Brahma"; autocontrole, continência.

Brahma – uma das três vibrações de AUM: Deus Criador.

Brahman – o Espírito Supremo.

buddhi – intelecto.

chakras – os centros de energia sutil na coluna e no cérebro.

chitta – a faculdade do sentimento.

dharana – concentração.

dhyana – meditação: concentração nos aspectos superiores da realidade.

gunas – as três qualidades da manifestação exterior: sattwa (qualidades que edificam a mente); rajas (qualidades dinâmicas); e tamas (qualidades que rebaixam a mente).

guru — santo autorrealizado que, agindo como instrumento divino, orienta seus discípulos para o encontro com Deus.

Hatha Yoga — um sistema de posturas físicas saudáveis.

ida — ver nadis.

Ishtadevata — forma de Deus escolhida pelo devoto.

Ishwara — o Eu Supremo.

jivan mukta — uma alma espiritualmente liberta: livre em vida.

Kumbha Mela — festival espiritual na Índia.

Kurukshetra — uma guerra na antiga Índia em que os pandavas reais, orientados por Krishna, venceram seus primos, os kauravas. Essa guerra é o tema central da escritura indiana Mahabharata.

mantra — palavra ou frase que, repetida verbal ou mentalmente, provoca na pessoa um estado de comunhão íntima.

maya — ilusão.

moksha — libertação final, completa, sem mais renascimentos.

mon — mente.

nadis — os dois estreitos canais nervosos na coluna, chamados ida e pingala.

nishkam karma — ação sem desejo pelos frutos da ação.

niyamas — os elementos negativos da ação espiritual correta.

param mukta — um ser completamente liberto.

pingala — (ver nadis).

Prakriti — Natureza.

Palayas — uma grande destruição na Natureza (planeta, galáxia, o universo, etc.).

pranayama — controle da energia ou força vital.

pratyahara — interiorização da mente; retirada da força vital dos sentidos.

Purusha — o verdadeiro Eu ou o Espírito Supremo.

samadhi — o estado de unidade com Deus, do qual há várias etapas, incluindo: AUM samadhi — unidade com a Vibração Cósmica infinita, por meio da qual a pessoa percebe a Criação como consistente de inumeráveis vibrações de AUM; *sabikalpa* (ou *sampragyata*) samadhi — unidade condicionada, na qual alguns traços do ego permanecem (podendo, pois, a pessoa dizer "Alcancei este estado"); *nirbikalpa* (ou *asampragyata*) samadhi — unidade incondicionada ou iluminação final, em que o "eu" se identifica com o Espírito Absoluto.

samyama — sintonia ou absorção.

santosha — contentamento.

Satchidananda — nome de Deus que O descreve como "sempre existente, sempre consciente, sempre bem-aventurado".

Shankhya — um dos três principais "sistemas filosóficos" da Índia, que explica *por que* devemos buscar Deus.

Shiva — uma das três vibrações de AUM: o Deus Destruidor.

siddhis — poderes suprafísicos.

swadhyaya — introspecção, autoconsciência.

Vedanta — um dos três principais "sistemas filosóficos" da Índia, que descreve a natureza de Deus (*o que* Deus é).

Vishnu — uma das três vibrações de AUM: o Deus Preservador.

vrittis — redemoinhos ou vórtices de apego e desejo.

yamas — os elementos positivos da ação espiritual correta.

yoga — literalmente, "união"; um dos três principais "sistemas filosóficos" da Índia, que explica *como* podemos encontrar Deus.

Próximos Lançamentos

Editora Pensamento
SÃO PAULO

Para receber informações sobre os lançamentos da
Editora Pensamento, basta cadastrar-se
no site: www.editorapensamento.com.br

Para enviar seus comentários sobre este livro,
visite o site www.editorapensamento.com.br ou
mande um e-mail para atendimento@editorapensamento.com.br